김년균 '사람' 연작시집

우리들이 사는 법

문학사계

시인의 자화상

| 시인의 말 |

'사람' 이 귀한 줄 알고 살아갈 일이다.
흔해 빠진 게 '사람' 이라고 한다면, 생각이 모자란 자의
불평이거나 분별을 모르는 자의 착각일 게다.
세상에 '사람' 만한 존재가 어디 있는가.
'사람' 은 우주도 날아다닐 정도로 창의력을 가진 존재다.
자신의 존재를 믿고 허세와 만용을 부리기도 하지만,
그 점만 잘 다스린다면 사람은 더없이 귀할 수밖에 없다.
더불어 우리들의 세상도 즐거운 낙원이 될 것이다.
'사람' 이라는 '연작시' 를 통해 내가 사람의 존재와 위상을
부정하거나 또는 헐뜯으며 비판을 서슴지 않았던 까닭도,
사람에 대한 기대와 꿈이 그만큼 컸기 때문이다.
'사람' 이 미워서가 아니라 '사람' 을 사랑하기 때문이다.
불의를 보면 꾸짖을 줄도 알아야 시인일 터이다.

작품 해설을 쓴 정성수 시인에게 감사한다.

2012년 12월 31일

김년균 제14시집 | 우리들이 사는 법 | 차례

| 일러두기 |

* 작품의 배열은 제목의 가나다 순으로 하였습니다.
* 책 하단 ☆표는 연 가름 표시입니다.

● '사람' 연작시집

우리들이 사는 법

가족
—사람

한 핏줄로 태어나 한 지붕 아래 살기에
하늘에서 이루신 일이 분명하다.
세상에 이보다 큰 일은 없을 터이다.
바람은 시도 때도 없이 길을 휩쓸고,
세월도 강물처럼 쉬지 않고 흘러가고,
모두가 예전과 다름없다.
한 지붕 아래 사는 이들도
예전과 다름없이,
아이는 커서 어른이 되고
어른은 금세 늙어 기막힌 한숨 속에
하늘 가는 차를 기다린다.
무대에 올려진 연극처럼
1막 2막 3막이 연거푸 이어지며,
아비 어미는 자식을 위하여
자식은 또 그 자식을 위하여
허리가 휘도록 보따리를 짊어지고
옳은 일 그른 일을 번갈아 가며
귀한 세월 아까운 줄 모르고 흘러보낸다.
한 핏줄로 태어나 한 지붕 아래 살기에

마음은 항상 한 곳에 꽁꽁 묶어놓고
죽어도 그 끈을 풀지 못한다.

* 2012. 11. 6.

감기론(感氣論)
—사람

고향 길에서 자주 만난다. 세월도 함께 가는
그 길엔 예로부터 변함없이 사람들이 몰려들고,
물안개가 넘쳐서 얼굴을 알아볼 수 없는데도
사람들은 돌아서지 않고 너를 정답게 맞아 준다.
너는 누구일까. 요귀처럼 처마 밑에 숨었다가
걸핏하면 문틈을 비집고 침실에 스며들어
고단한 내 몸을 할퀴고 욕보이던 그였을까.
비 내리는 날이나 바람이 차가운 날, 또는
하늘에서 놀던 해님조차 도망쳐 버리고
만사가 귀찮아지도록 답답한 날이면
제풀에 심통이 나서 천방지축 오두방정을 떨며,
남의 집 담 너머로 돌을 던지거나
낯선 사람 길을 막고 뒤통수치던 그였을까.
요즘 신종이 나왔다고 야단인데, 혹시 그였을까.
어떻든 너를 만나면 꼼짝없이 당하고 만다.
아침부터 어질어질 어지럼병에 걸려서
아랫목에 드러누워 며칠을 끙끙 앓는다.
연둣빛 콧물과 재채기를 몇 섬은 쏟아낸다.
해맑던 정신은 이때부터 기운을 잃고

썩은 막대기가 되어 물 위에 둥둥 떠가고,
바위 같은 몸뚱이는 깨어진 돌멩이 되어
산아래 골짜기로 데굴데굴 굴러 내린다.
가슴을 수놓던 아리따운 생각도 석양의 노을처럼
어둠 속으로 사라져 버리고, 절망이 밤새워 춤춘다.
그런데 참 이상하고 신기한 일이다.
이제껏 당한 일이 서럽고 분하여 한판 붙어 보려고
눈 부릅뜨고 주먹을 불끈 쥐고 밖으로 나섰더니,
너는 어느 새 달아나고, 내 몸도 이전이 아니었다.
날아갈 듯 몸이 가볍고 어지럼병도 사라졌다.
그래도 너의 목숨은 하늘이 지켜 주나 보다.
세상 끝 먼 곳까지 쫓겨나도 죽지 않고 살아 남는다.
재 속에 묻힌 불씨처럼 숨죽이며 고요히 지내다가
바람이 조금만 불어와도 참지 못하고 벌떡 일어선다.
가난한 집들은 하룻밤 새에도 천장이 날아가고
콜록 콜록 기침 소리가 길목을 가득 메운다.
이제 보니, 너는 밟으면 넘어지는 바이러스가 아니다.
밟아도 밟아도 넘어지지 않는 전설의 플루.
세상까지도 뒤엎어 버리고 말 거대한 무기.

깊은 밤, 뒷동산에 올라 허공을 보면
보이지 않는 어둠 속에서 이상한 소리가 들린다.
베토벤의 〈운명〉이나 베르디의 〈축배의 노래〉처럼
오로지 웅장하고 환희에 넘친 영광의 노래!
천년 만년 불러온 너희들의 영혼의 대합창!
하지만 이 일을 어느 누가 짐작이나 하랴.

* 2010. 1. 10.

귀신
—사람

실제로 보거나 만난 일은 없지만
소문은 신물나게 들어서 알고 있다.

물귀신, 터귀신, 몽달귀신, 도깨비귀신, 잡귀신,
이름도 가지가지, 구체적인 걸 보면
그런 게 있는 건 분명한 모양이다.

하긴, 밤새도록 도깨비귀신과 싸우다가
아침에 보니,
불타다 남은 빗자루만 붙들고 있더라는
친구도 만난 적 있다.
빗자루가 귀신이었을까.

귀신이 있더라도 누구나 찾아오는 게 아니라
겁 많은 사람이나 심장이 약한 사람만
골라서 빌붙는지도 모를 일이다.

귀신은 밝은 세상에 있는 게 아니라
어두운 우리들의 마음 속에 있다. * 2012. 11. 5.

거짓말
—사람

태어나면 누구나 거짓말부터 배운다는데, 사실인가요?
전생에서 인연을 찾아 억겁을 헤매다가 기어이
이 좋은 세상에 와서 고작 배우는 것이 이것이라면,
말이 되나요? 하지만 어쩌겠어요.
편리하고, 힘들이지 않는 거라서 그런 걸까요?
아침에서 저녁까지, 심지어는 깊은 밤 잠자리에서
잠꼬대할 때도 거짓말을 하고 말지요.
하면 할수록 재미있고, 쓰면 쓸수록 이골이 나서,
더욱 하고 싶고, 자꾸 쓰고 싶어지는 모양이지요.
이젠 잠시도 안 하면 오금이 저려 견딜 수 없고,
남들이 알아도 부끄럽거나 창피하지 않지요.
세상에 이만큼 즐거운 일이 어디 있을까요?
생각할수록 생기가 돋고, 매력이 넘치지요.
입만 뻥긋하면 되니까, 머리 아플 것도 억울할 것도 없지요.
세상이 시끄러운 것은 그 때문이라고 하지만,
세상이 조용한들 이렇게 좋은 것이 없어지겠는지요.
천지가 한판 뒤집혀 버린다면 모르지만, 어림없는 일이지요.

한평생 쏟아놓은 거짓말이 사람마다 몇 천 섬은 되리라는데,

그러면 세상바닥에 널린 것은 온통 거짓말뿐이겠으니,
한편은 한심하기도 하네요. 그걸 몽땅 쓸어다가
세상 바깥 어디에다 팔아 줄 장사꾼은 없을까요?
돈벌이가 아주 잘 되는 멋진 사업이 될 텐데.
세상에 다시 없는 부자님이 될 텐데.

* 2011. 7. 1.

겨드랑이
—사람

한동안 집에서 할 일 없이 지내자니
겨드랑이에 땀이 난다.
밖에 나가 눈코 뜰 새 없이 바쁠 때는
그렇지 않았는데,
겨드랑이조차 있는지 없는지 몰랐는데,
조그만 집에 갇혀 허둥지둥 지내자니
겨드랑이에도 숨쉬는 입이 달린 듯이
벌름거리며, 벌름거리며,
땀인지 한숨인지 쉴새없이 쏟아낸다.

어쩌면 그게 한숨인지도 모른다.
길이 있어도 길을 못 가는 자,
일이 있어도 일을 못하는 자,
마주서면 한숨밖에 나올 게 없다.
세상엔 그런 자가 얼마나 많으랴.
그래도 그곳의 한숨을 들어 본 적이 없으니
신통한 일이다. 남들이 아는 게 쑥스러워
비밀로 꼭꼭 숨기고 있는 모양이다.

겨드랑이는 어깨 밑에 버려진 한낱 음지로만
보이지만, 그곳에서 몸의 조화를 이루고
삶의 안위를 깨우쳐 주는 막중한 일을 한다는 것은
꿈에서도 생각지 못한 일이다.
이제 그곳에서 한숨이 나오지 않게 하려면
때묻은 몸을 씻고 낡은 생각을 버릴 일이다.
갈 수 있는 길을 찾아, 할 수 있는 일을 찾아
새벽부터 집을 나설 일이다.

* 2011. 9. 14.

계절 손님
—사람

추석을 넘기고 한로와 상강(霜降)을 지나
입동(立冬)의 길목에 깊숙히 이르자,
지난해 서산의 검붉은 노을 속으로 날아간
새들이 다시 돌아온다는 기별도 없이
강 건너 허전한 들녘에 살며시 앉아
저들이 남겨 놓은 발자국을 찾고 있다.

어제까지도 기승을 부리며 거리를 휘젓던
성정이 불 같던 사내는 세월의 덫에 걸려 넘어져서
어디에 숨었는지 흔적도 없고,
이순도 넘은 순한 바람이 데려온 낯선 손님이
인사도 없이 마을 안으로 들어선다.

보이지 않는 소문만 들끓는 마을에선
철없는 나무들이 가지마다 주렁주렁 열매를 매달고
한 철을 즐겁게 지내다가
어디서 소식을 들었는지, 돌연 고개를 숙이고
가슴에 품은 꿈을 문 밖에 날리며,
제 몸의 피와 살로 만든 잎과 열매를

하나 둘 떨어뜨릴 준비를 한다.
메마른 땅에 눈물을 적시려 한다.

삶이란 이런 것인가.
때가 오면 어김없이 찾아오고
때가 가면 기어이 떠나가는 게
진정한 이치요 순리인가.

오늘 아침, 마을에 찾아온 손님은
이곳에서 얼마나 머물다 돌아가려는지,
한 짐도 안 되는 행장을 풀어놓는다.
어디서든 오래 머물지 못하는 그는
다른 곳으로 떠날 생각에 벌써
마음을 절반은 비우고 있다.

* 2010. 9. 21.

근심
—사람

길가다 불쌍하여
눈길 한 번 주었더니
가슴을 휘저으며
가지치고 잎이 피고
떠나간 상처들까지
떼지어 돌아온다.

예전에 저지른 죄
마음에 지웠으나
엉겅퀴처럼 다시 뻗쳐
앞길을 막아선다.
마당에도 뒤뜰에도
줄기가 무성하다.

한평생 사는 동안
너를 어이 뿌리치랴.
형이나 아우처럼
버릴 수 없는 것을,
성한 몸 다치기 전에
정을 듬뿍 줘야 하리.

* 2010. 7. 1.

공생하다
—사람

꽃밭에 즐비하게 늘어선 꽃들,
고관의 이름보다 더 알려진 화려한 꽃에서
기억조차 희미한 가냘픈 풀꽃까지,
온갖 꽃들이 저마다 미소를 지으며
향기도 내뿜으며,
너를 맞아 줄 손님을 기다린다.

너에겐 잊지 못할 친구가 있다.
햇살보다 가벼운 날개로 날아와 신나게
너울너울 춤추던 벌과 나비들,
그들은 해 지는 줄도 모르고 네 곁을 떠돌며,
너의 가슴팍 꽃술에 달콤한 꿈을 심어 주었다.
이 친구가 아니면 오늘의 기쁨도 없으리라.

더불어 너의 줄기는 강철같이 튼튼해지고,
꽃잎들도 시집 갈 처녀처럼 한껏 부풀어올라
너는 한 생애의 절정을 이룬다.
너의 몸값도 우뚝 치솟는다.
지나가는 사람들이 발길을 멈추고
한 다발씩, 너를 사들고 간다.

* 2011. 9 .1.

공평하다 · 1
——사람

존재하는 것은 의미가 있다.
가슴에 숨결 없는 것은 있을지라도
의미 없는 것은 아무것도 없다.
붙잡을 깃털 하나 없이 버려진 것들도
되돌아보면 모두가 반갑고 귀한 것이다.

언젠가 배탈이 나서 참지 못한 일 있다.
가냘픈 몸을 간신히 지탱하던 양심을 접고
개가 되어 골목에 쏟아 놓은 배설물,
지옥의 물건처럼 구린내만 진동하던 그것,
누가 봐도 천한 것이기에
오가는 사람마다 등돌리며 욕질을 한다.

그런데 놀라워라, 거기서 신기한 일이 벌어진다.
그곳에 과연 무엇이 숨어 있을까.
며칠이 안되어 파릇파릇 잎이 돋는다.
얼마나 크게 자랄 것인지 궁금케 하며,
바람이 불 때마다 온몸을 흔들어대며,
불쑥 솟아난 잎이 콜록콜록 기침을 한다.

아이가 감기 들었을 때와 같이
콜록콜록, 콜록콜록,
몸은 천해도 꿈이 있다는 증표처럼
벅찬 희망을 알리는 종 소리처럼
자꾸자꾸 기침을 한다.

하늘은 언제나 공평하다.

* 2010. 5. 5.

공평하다 · 2
—사람

너는 너대로 나는 나대로
가고 싶은 길을 간다.
하고 싶은 일을 한다.

남의 집 세월도 훔쳐다가
제것처럼 거리낌없이 쓴다.

아무도 간섭하지 않는다.
지나는 바람도 구름도,
새도 짐승도, 나무도 꽃도,
넘어다보지 않는다.

하지만 알아둘 일이 있다.
저마다 가는 길이 다르고
하는 일이 다르고,
갖고 싶은 욕심이 다르고
쓰고 싶은 세월도 다르고,
누구든 다르고 다르게
제 마음대로 살아가지만,

끝날 때가 되면, 그렇지 않다.
아침이 오면 저녁이 오고
해가 뜨면 해가 지듯이, 어김없이
다가오는 운명의 길을 따라
어딘지도 모르는 곳으로 다함께 간다.

누구는 빨리 가고 누구는 늦게 가고,
어떤 이는 불쌍한 비렁뱅이가 되고,
어떤 이는 부자나 벼슬아치가 되고,
그런 것이 무슨 소용 있으랴.

목숨은 살아 있을 동안만으로 족하다.
세월은 어느 편에도 서지 않는다.

* 2011. 9. 15.

권태
—사람

살다 보니 별일을 다 겪는다.
되지도 못한 사람들이 하늘과도 눈맞춘 듯이
활개치며 몰려다니고,
알지도 못한 나무들이 남이야 어찌 여기든
제멋대로 가지치고 꽃 피고 열매 맺는다.
예전의 것들은 다 사라지고
낯설고 우스꽝스런 것들이 판을 친다.
만나는 것마다 제 모습이 아니다.
넓고 넓은 세상 바닥 어디를 가든
제 철을 지키는 꽃이 없고,
제 맛을 내는 열매가 없고,
제 분수 지키는 사람은 보이지 않는다.
세상이 왜 이리 달라진 것일까.
옳고 그름 따질 것 없이, 남의 눈치 볼 것 없이
나는 나 너는 너, 분명히 편을 가르고,
저마다 편할 대로 막장의 길을 간다.
하늘이 노여워서 등돌린 줄도 모르고,
제 갈 길만 자꾸자꾸 서두른다.
이 황당한 일이 언제쯤 사라질 것인지,

그날이 과연 올 수는 있을 것인지,
나의 불안은 잠시도 쉬지 않는다.

* 2011. 7. 28.

낡은 차를 타고
—사람

차를 잘못 탔다가 낭패한 일이 있다.

차는 형편없이 낡아 있고,
길은 울퉁불퉁 험하고,
운전사 아저씨는 감기에 들었는지
잠시도 쉬지 않고 쿨룩거렸다.

차에 탄 손님들은 사정을 알면서도
눈 감고, 입 막으며, 꿋꿋이 참았다.
중도에서 내려설 수는 없으므로
힘들고 불안해도 견딜 수밖에 없었다.

머잖아 목적지에 다다를 수 있으리라는
한 가닥 희망과 기대에만 매달려 있었다.
혹은 시간이 많이 걸리더라도 언젠가는
무사히 도착할 수 있으리라는 것을.

차를 잘못 탄 일만은 평생을 두고
후회할 일이었다.

* 2011. 6. 13.

내촌에서
—사람

사는 게 두려워 하늘에 무릎 꿇던 시절,
아득한 지평선 너머로 해 떨어지고
외로운 별들이 눈물 머금고 창 밖에 오면
그를 붙들고 밤새워 울었다.

허기진 사람들은 밤에도 잠 못 든 채
사립 밖 골목까지 잔기침을 날리고,
해가 떠도 밥 지을 생각을 못하던 어머니는
성한 그릇과 싸움질하며 슬픔을 삭였다.

마침내 하늘이 정을 주어 복이 쌓이고
논밭에 오곡이 풍성하니 다시는 걱정 없다.
나 또한 여기에서 낳고 자랐으니,
숨 거둘 때까지 잊지 못할 일이다.

사랑하는 이여,
그대의 가슴에 숨긴 고운 씨 있거든
주저하지 말고 이곳에 와서 뿌려라.
먼 훗날, 당신을 위해 큰 열매 맺으리라. * 2009. 1. 29.

눈물
—사람

길가다 우는 사람을 만나면
예사롭지 않다.
까닭 없는 눈물은 없기 때문이다.

하늘에서도 비가 내리려면
검은 구름이 해를 둘러싸고 있거나
마파람이 몰아쳐 오듯이,

사람도 눈물을 흘리려면
어딘가 이상해야 한다.
몸이 다치거나 마음이 아프거나
무슨 일이 생겨나서
서러운 감정이 복받쳐올라야 한다.

또는 기쁜 일이 불현듯 몰려와서
감격했을 때도 눈물은 쏟아진다.

사람은 감정없이 목석으로만 살 수 없다.
눈물은 감정을 담은 그릇이다.
우리들이 버릴 수 없는 필수품이다.

* 2012. 11. 6.

늑대

—사람

늑대 한 마리 잡으려면 십 년은 걸려야 한다.
늑대는 산에만 사는 게 아니라
우리들이 모여 있는 마을에도 산다.
늑대는 꼬리가 길어서 잡기 쉬울 것 같지만
꼬리가 없는 것보다 더욱 어렵다.
늑대를 잡으려면 연구를 해야 한다.
많은 세월 밤새우며 머리맡에 불을 켜놓고
망을 짓고 활을 만들어야 한다.

늑대는 교활이 넘친다.
늑대는 탐욕이 넘친다.
늑대는 오만이 넘친다.

눈에는 보이지 않아도
늑대는 늘 우리와 함께 산다.
마을에, 집에, 우리의 가슴에.

* 2010. 2. 24.

다른 길
—사람

길이 모두 다르다.
동으로 서로 남으로 북으로
혹은 짐작도 할 수 없는 어느 길로
이쪽은 서서히 가고,
저쪽은 재빨리 오고 있다.
길이란 겉으론 비슷하지만
똑같은 길은 어디에도 없다.

산에서 들에서 자라는 날짐승 들짐승,
강에서 바다에서 떠도는 고깃떼,
하늘과 땅 어디든 널려 있는
나무들 풀들 꽃들, 또는
바람 구름 안개 눈 비,
세상길에 흩어진 꿈 많은 사람들,

보이는 것에서 보이지 않는 것까지
하나도 빼놓지 않고,
모두가 저들의 길을 가고 있다.
가슴에 숨겨진 그리움만이
문 밖에 모여 누구를 기다린다.

* 2008.10.5.

독선
—사람

남의 생각 무시하고, 바른 길도 짓밟고,
제 생각대로 하는 것을 독선이라고 한다면
우리 마을에도 그런 사람 있다.

남의 생각은 금방 내버려야 할 휴지조각이고,
남의 돈은 길가에 굴러다니는 돌멩이고,
남의 것은 모든 것이 시궁창에 박힌 물건처럼
썩어서 냄새나는 것이지만,
제것은 먹다 흘린 밥풀까지도 천금만금처럼
귀하게 여기는 사람,

세상에서 혼자만 사는 듯이 남의 사정은
코빼기조차 알 바 없고,
오직 제 생각만이 옳고, 제 길만이 바르고,
저만이 잘난 척하며 깃발을 드는 사람,

당신 곁에는 그런 사람이 없으신지,
있으면 그냥 두지 말고 당장 내쫓으라.
그의 몸에 소금이라도 몽땅 뿌려 주어라. * 2005. 11. 2.

떡
―사람

떡을 준다. 떡을 달라는 놈에게 떡을 준다.
떡 하나를 주면 두 개를 달라고 하고,
안 주면 난리를 친다.
그게 무서워 떡을 준다.

한 고비를 넘겨 보려고 떡을 내놓는다.
한 고비를 넘기니 또 한 고비가 온다.
그게 무서워 또 떡을 준다.
이제는 보따리까지 내놓으라고 한다.

배운 게 그것인데 어찌 고치랴.
평생 길러 온 버릇인데 어찌 버리랴.
당장 죽이고 싶지만 그럴 힘이 없다.
당장 떠나고 싶지만 갈 곳이 없다.

떡을 준다. 보따리까지 내놓는다.
실컷 먹어라. 먹다가 배가 터져 버려라.
그런 놈 때문에 세상은 무너져 가고,
떡장사만 자꾸 욕을 먹는다.

* 2010. 4. 25.

마음의 길
—사람

어젯밤 꿈이 이상타 했더니
피묻은 편지가 날아든다.

세상은 아직도 변하지 않았나.
남의 슬픔을 즐기는 사람 아직도 남았나.
허허허 웃으며 찢어버린다.

나만은 그렇게 살지 말라는 충고로 알고
마음을 다시 추스린다.

죽도록 아껴 써도 모자란 시간,
딴 곳에 마음 팔며 허비할 일이 아니다.
쓰고 모자란 시간은 하늘에 빌리더라도
즐거운 일만 가려서 할 일이다.

남을 헐뜯고 모함할 시간 있거든
이웃집 개에게나 던져줄 일이다.

* 2012. 1. 18.

만두
—사람

예사로운 일이 아니다.
오장육부를 잘라 불 속에 넣어도
싫지 않는 모양이다.

남을 위하여 자신을 버리고,
배고픈 자의 양식으로 나선
갸륵한 헌신.

그리하여 누군가의 뱃속에 들어가
흔적 없이 사라지면,
너는 다시 활력 넘치는
생명이 되어, 누군가의 몸을 타고
파릇파릇 싹이 돋는다.

의로운 자는 의롭게 산다.
남을 위해 자신을 버리면
죽어서도 다시 태어난다.

그가 전하는 삶의 의미를
가슴 깊이 새겨둘 일이다.

* 2010. 9. 25.

먼 길
—사람

하루도 못 가서 돌아선다.
먼 곳을 가려면 마음이 우뚝 솟아야 하는데,
날마다 뒷걸음치며 자꾸자꾸 내려앉는다.
바라다보면 천길 만길 깊어진 생각의 물길도
들어서 보면 우스꽝스럽게 발목에도 안 찬다.
높은 곳에서 낮은 곳까지 혹은 밝은 곳에서
어둔 곳까지 길은 항상 곳곳에 널려 있지만,
거기엔 길이 없다. 저마다 뿔뿔이 흩어져 버리고
길다운 길은 몸통은커녕 자투리도 남지 않는다.
흔적이나마 찾아보려고 발벗고 나설 양이면
물안개에 휩싸여 알쏭달쏭하거나 오락가락하고,
밟히고 찢긴 풀과 돌들만 서럽게 뒹굴고 나풀댄다.
길목의 모퉁이엔 세월의 칼끝에 찔린 사람들이,
귀중한 목숨과 더불어 버려진 가구나 물건들이,
뼈와 창자를 드러낸 채 줄줄이 누워 있다.
사위가 흉흉하고 찬바람이 사정없이 몰아친다.
뒷일이 걱정되어 두 손 들고 하늘을 바라보면
하늘은 모른 척하며 눈길도 주지 않는다.
사람들은 그래도 욕심을 버리지 않는다.

어느 길에 나서야 할지, 짐작조차 못하면서도
아무 곳에나 실없이 짐을 풀고 둥지를 튼다.
제 길도 아니면서, 자랑스럽게 줄을 선다.
사람은 왜 이리 마음이 굽고 뒤틀져 있는지,
가야 할 길은 또 얼마나 남아 있는지,
모두가 하루도 못 가서 돌아선다.

* 2010. 3. 10.

목숨
—사람

길가에 버려진 휴지나 쓰레기처럼
언제쯤 흔적없이 사라질는지 모른다.
목숨이 이만큼 하찮은 것이라면
무슨 의미가 있으랴.

하지만 목숨보다 중한 것은 세상에 없다.
그게 어디 사람뿐이랴.
하찮은 짐승인들 무엇이 다르랴.
살아 있는 생명은 모두가 그러하다.

살다가 지치면 누구나 목숨을 놓고 사라진다.
서로가 시간은 다를지라도
누구나 태어나면 눕고, 누우면 눈 감고,
눈 감으면 어디론지 홀연히 떠나간다.

그러니 어리석지 말 일이다.
교만하지 말고 욕심부리지 말고,
허망한 곳을 기웃거리지 말 일이다.
잠시도 마음을 잃지 말고 정신차리며 살 일이다.

죽어도 하찮은 물건이 되지 않도록,
휴지나 쓰레기처럼 버려지지 않도록,
살아남은 자들이 침뱉지 않도록,
목숨을 귀히 여기며 살아갈 일이다.

* 2011. 3. 11.

무좀
—사람

눈에도 안 보이는 것이 욕심은 많다.
금이나 은처럼 가질 만한 물건이 아닌
아주 작은 것까지 탐내며 기웃거리고,
손톱이나 발톱 같은 음침한 곳에 숨어들어
밤새도록 야금야금 갉아먹는다.

파렴치한이다.
야바위꾼이다.

남의 손발을 묶으려고 올가미를 든 사람.
남의 뒤통수치려고 처마 밑에 숨은 사람.
오가는 길에 덫을 놓고 꿈을 짓밟은 사람.
마을 집 문턱마다 원성이 들끓어도
눈 한 번 깜박이지 않은 사람.

얼마나 많은가.
모두가 무좀이다.

* 2009. 5. 10.

무화과
—사람

꽃으로 살렸더니, 아니된다.
꽃다운 꽃이 되어 아름답게 살렸더니,
꿈이 허공으로 날아가 버린다.

문 밖은 아직도 세찬 바람이 몰아치고,
남의 일을 시샘하는 이들이,
마음에 가시돋친 이들이, 허리에 칼 찬 이들이,
길목마다 눈부릅뜨고 지켜서 있다.

세상은 왜 이리 거칠고 사나운가.
사는 일이 힘들다더니, 눈앞이 지옥이라더니,
몸 구석 어디에도 빛 한 줄기 들지 않는다.

꽃으로 살렸더니, 눈 감고 하늘에 빌었더니,
꽃 한 번 피우지 못하고 드러눕는다.
아까운 몸뚱이엔 이상한 살덩이만 돋아난다.

길을 가다 보면, 이런 사람 자주 만난다.
꽃은 못 피고 설움만 남은.

* 2012. 2. 22.

바보들
—사람

잘못된 길을 간다.
잘못된 일을 한다.
잘못된 생각을 한다.

아무런 분별을 못한다.
부끄러워도 부끄러움을 모르고,
아름다워도 아름다움을 모른다.

아무런 이치도 모른다.
슬픈 자리에 눈물이 없고,
즐거운 자리에도 웃음이 없다.

아무 데도 못 쓸 쓰레기만이
썩은 냄새를 풍기며
텅 빈 가슴에 몰려든다.

마음도 행실도 말릴 수 없는
바보들의 행렬. 바보, 바보,
바보는 오늘도 끝이 없다.

* 2011. 7. 1.

밤의 꽃
—사람

밤에 피는 꽃은 꽃이 아니다.
꽃은 밝은 빛이 있을 때,
세상이 환하게 열릴 때 피운 것이
꽃도 아름답고 향기도 치솟는다.

하늘에서 내리는 밝은 빛을 피하여,
남들의 눈을 피하여,
밤에만 피는 꽃은 수상하다.
몸 속에 어둠이 숨어 있다.

그런 꽃은 아무리 흐드러지게 피어도
꽃으로 보이지 않는다.
불길한 예감과 역한 냄새가 나서
누구나 등돌리고 돌아선다.

사람아, 사람아, 세상 사람아,
밤에 꽃 피우려고 나서지 마라.
행여라도 빛이 없는 곳에서
일을 꾸미려고 서둘지 마라.

* 2011. 6. 11.

밥
——사람

밥이 땅에서 나온 줄 아는 사람은 어리석다.
그것이 어찌 하늘이 아닌 발 아래서 솟아나겠는가.
혹시라도 밥이 땅에서 나온 일이 있다면 그것은
밥이 아니라 밥풀이다. 밥에서 떨어진 껍질이다.
밥은 땅에서 나오는 게 아니라 하늘에서 만들어
저문 날 구름에 실려 처마 밑에 내려놓은 것이다.
사람의 육중한 육체를 기르기 위해서가 아니라
겨자씨만한 저들의 영혼을 기르기 위해서다.
밥은 손이 부끄럽지 않은 자만이 먹을 수 있지만
세상을 시끄럽지 않게 하려고, 간악한 똘마니에게도
흉악한 망나니에게도 하늘은 눈 질끈 감고 내려보낸다.
겨자씨만큼 작기에 더욱 소중한 것이 된 영혼을,
가장 작은 것을 가장 큰 것으로 기르기 위해
하늘은 어제도 오늘도 밤새워 밥을 짓는다.
밥의 씨가 땅의 영혼을 위해 새록새록 움트고,
밥의 영혼이 소중한 생명을 위해 무럭무럭 자란다.
육체를 위한 밥은 하루를 못 참고 똥이 되어
세상 곳곳에 구린 냄새를 풍겨 주지만,
영혼을 기르는 밥은 어둠을 뚫는 빛이 되어

우리들이 걸어갈 길을 깨끗이 쓸고 닦아 준다.
밥은 저만이 배불리 먹기 위한 음식이 아니라
서로가 몸 씻고 마음 씻는 강이요 바다이다.
하늘은 아직도 땅을 위해 꿈을 놓지 않는다.
밥은 땅이 허물어지지 않도록 받혀 주는 기둥,
밥은 땅이 어둡지 않게 비추는 빛, 생명의 빛,
이보다 더한 것이 세상 어디에 있겠는가.
귀한 것을 귀하게 여기지 않으면 화를 당한다.
밥이 밥인 줄 모르고 살면 길을 잃는다.
해 뜨기 전에 무릎 꿇고 살펴볼 일이다.

* 2010. 3. 16.

방
—사람

방은 어느 집에나 있다.
큰방, 작은방, 부엌방, 사랑방, 옥탑방,
혹은 엄마방, 오빠방, 누나방, 아이방,
위치나 모양은 다를지언정
방은 누구나 갖고 있다.

사람들은 이 방에서 꿈을 꾼다.
정치가, 사업가, 교육자, 과학자, 예술가,
또는 인생, 사랑, 우정, 행복과 같은
아름다운 꿈들을 한껏 기른다.

그러나 꿈은 날아다니는 새와 같이
어느 한 곳에 머물지 못한다.
꿈은 날이 갈수록 변하고
꿈은 해가 갈수록 달라진다.

어느 건 잎도 피우기 전에 떨어지고,
어느 건 꽃망울을 맺다가 떨어지고,
어느 건 간신히 작은 열매를 맺는다.

어느 건 귀하고 큰 열매도 맺는다.

가을이 되어 이를 거두고 나면,
많이 거둔 자는 큰 방에 가고
작게 거둔 자는 작은 방으로 옮긴다.

방은 꿈과 더불어 사는 곳이다.
그렇게 살다가 한 세상 지나
꿈을 실은 해마저 저물고 나면
꿈꾸던 사람들도 사라지고,

또다른 사람들이 꿈을 품고 돌아와
문 앞에서 기다린다.

* 2012. 9. 17.

벽에 관하여
—사람

눈만 뜨면 문 앞에 다가와 기다린다.
처음엔 다정한 듯이 팔짱을 끼지만,
한참도 못 지나 가진 것을 다 빼앗고
몸조차 짓밟고 부러뜨려,
성한 것이 하나도 남지 않는다.
바라만 봐도 무섭고 두려워,
하루도 마음 편한 날이 없다.
세상에 이런 악연도 있는가.

아무리 밀쳐도 물러서지 않는다.
그럴 때마다 근심걱정은 더욱 쌓이고
아픔도 슬픔도 어김없이 밀려든다.
이제는 할 수 없이 껍데기만 남은 광대,
바람 불면 부는 대로 문 밖을 떠돌며
부질없는 세상살이를 두려워한다.
어릴 때의 소꿉장난도 아닌데 우습고 유치하게
그는 아직도 내 앞길을 막아선다.

* 2011. 4. 7.

비가(悲歌)
―사람

님을 떠나보내고 싶어
안달이 난 사람을 안다.

꽃 피고 새 우는 산 너머 강 건너
멀리 멀리,
가진 게 많아도 필요 없고
가진 게 없어도 걱정 없이
편히 갈 수 있는
미지의 나라,
아무도 알 수 없고
짐작도 할 수 없는 그곳으로
님을 떠나보내고 싶어
기어이 밀쳐내고 싶어
날이면 날마다 노래 부른다.

세상 물정 모르는 사람들은
그 노래에 감격하여
오늘도 손뼉 치며 눈물 흘린다.

* 2010. 2. 24.

비밀이 없다
—사람

아홉 살밖에 안된 예림이는 비밀이 없다.
학교에서 선생이 가르친 말,
친구들이 저들끼리 놀이하며 나눈 말,
어머니 아버지가 남모르게 오고간 말,
사람들이 길가를 지나가다 흘린 말까지도
버리지 않고, 가슴 속에 주워 담았다가
나와 사이좋게 마주앉을 시간이면
녹음기를 틀어 놓듯 자세히 들려 준다.

그뿐이 아니다. 그 많은 비밀과 함께
자기의 생각도 펼쳐 놓는데, 아뿔싸!
너무도 어른스러워 깜짝 놀라고 만다.
'아이는 어른의 아버지'라고 한다지만
요즘 아이는 그보다도 더한 것 같다.
아이의 조그만 가슴 속엔 어느 사이
여든 살 늙은 노인이 버젓이 앉아 있다.
세상이 달라졌음을 깨닫게 한다.

* 2011. 6. 20.

사랑은
—사람

세상을 얕잡아 보면 안 된다.
사람을 낮추어 보면 안 된다.
천만 년 눈비 내려도 멀쩡한 세상,
천만 번 짓밟혀도 생생한 사람,
낮에는 해 밤엔 달 산에는 새 들에는 꽃,
세월이 가도 여전한 것처럼
하늘엔 기쁨밖에 없다고 믿어서는 안 된다.
땅에는 눈물밖에 없다고 여겨서도 안 된다.
꽃향기 그윽한 힘겨운 시간이 다가오고,
고통이 늘어진 즐거운 시간이 지나간다.
바른 일을 외면하지 않고
작은 것을 업신여기지 않으면,
거기 햇살이 넘친 길이 보인다.
거기 희망에 부푼 문이 열린다.
사랑은 항상 발 아래 널려 있고,
희망은 항상 등뒤에 숨어 있다.

* 2010. 1. 22.

사람 사는 곳은
——동경(東京)에서

이곳이 서울이지. 사람까지도 똑같은 서울이지.
내 말이 틀리면 당장 항의하라!
여기 신주꾸는 서울의 명동이 틀림없지.
아니면 내 몸에 침을 뱉어라!

나는 말 못하는 병신이 되어도 즐겁다.
귀 멀고 입 막힌 멍청이가 되어
이리 기웃 저리 기웃, 정신없이 떠돌며
오가는 거리와 사람들을 멍청히 바라본다.

여기서 5년쯤 살아서 벌써 이곳 사람이 다 된
친구의 손목을 잡고 졸래졸래 뒤따르다가
빙빙 도는 체인 위에 음식접시를 올려놓은
일식집에 들어가 바다음식으로 배를 채우고,

오밀조밀하기가 우리의 '종로서적'을 닮은
동경에서도 유명한 紀伊國屋 서점에 가서
1, 2, 3, 4층을 오르내리며 기웃거리다가
이곳 사람들이 즐겨 읽는 '하이꾸 시집'을 산다.

무엇이 다르단 말인가.
건물도 거리도 사람의 생김새도 똑같지 않은가.
그러나 마음은 안 그런 모양이다.
겉과 속이 다른 모양이다.

사람 사는 곳은 다 같을 줄 알았는데,
내가 착각했거나 생각이 짧았던 것 같다.
우리 동네 사람들은 저들만 보면
모두가 치를 떨며 침뱉고 돌아선다.

* 2007. 7. 18.

살고 보면
—사람

살고 보면 별 거 아니다.
쇠줄보다 질긴 욕망의 풀들과 꽃들이
저마다 가슴에서 무럭무럭 자라지만,
얼마를 못 가서 넘어지고 부러져서
해 지는 저녁이면 후회할 틈도 없이
산 너머 노을 속에 빠져 버린다.

누가 시켜서 그랬겠는가.
태어났으니 할 수 없이 살았을 뿐인데
이제 와서 뉘를 탓할 것인가.
살아가기란 언제나 힘들고 어려운 것,
처마 밑에 남겨 놓을 껍질조차 없으니
따져 본들 무슨 소용이 있는가.

아까운 세월 훨훨 날려보내고
몸이 다시 흙으로 돌아간 후에야,
아직도 남아 문 밖을 서성이는 사람들은
저들이 살아 생전 무슨 나무가 되었는지,
무슨 열매를 맺었는지, 무심코 짚어 보며
밀려온 세월에 쫓기며 흘러간다.

* 2012. 5. 5.

상처
——사람

속이 쓰리고, 가슴이 찢어지고,
뼈마디가 사정없이 쑤셔옵니다.
무슨 일인지 모르겠습니다.
무슨 병인지 모르겠습니다.

어디서 허망한 구름이 몰려오는지,
무슨 짓궂은 바람이 휘날리는지,
하루도 마음 편할 날이 없습니다.
도무지 영문을 모르겠습니다.

창밖에 놀던 새들도 멀리 쫓겨나고,
아침이면 어김없이 처마 밑에 숨어들어
내 가냘픈 몸뚱이를 줄곧 흔들어대던
당신은 누구인지 모르겠습니다.

남에게 상처를 주며 모질게 살자면
죽어서 돌아갈 곳이 없을 터인데,
무덤에 풀 하나 돋지 않을 터인데,
당신은 아는지 모르겠습니다.

* 2010. 8. 29.

서러움에 관하여
——사람

눈 뜨면 어둠을 먹고 살찐 자들이 몰려들고,
눈 감아도 꿈 속에서 그들의 음모가 떠나지 않는
세상살이가 서럽고, 그렇게 살아갈 수밖에 없는
우리들의 운명이 너무도 서러운 것이다.
그들과 함께 거짓말을 지껄인 어제가 서럽고,
그들과 함께 남들을 속여먹은 오늘이 서럽고,
그들과 함께 음모를 꾸며댈 내일이 서러운 것이다.
사는 법이야 어디 그뿐이랴.
그러나 다른 방법을 아는 재주가 없어 서럽고,
그만한 용기와 배짱이 없어서 서러운 것이다.
매정한 세월에 머리가 하얗게 새어져도
항상 철없는 어린애 같고, 아직도 철부지 생각을
버리지 못한 것이 서러운 것이다.
그것을 왜 모를까. 아니다, 모르는 게 아니다.
하늘엔 해가 있고, 땅엔 양심이 있다.
사람에게는 살아가는 법이 있다.
그것을 하루에도 열두 번은 헤아린다.
그러나 그곳엔 한 발짝도 다가서지 못하고,
캄캄한 곳으로 원수 같은 곳으로 되돌아가서

또다시 우습고 어리석은 일을 도모한다.
그것은 하늘을 모욕하는 일이다.
아까운 목숨을 스스로 저버리는 일이다.
시간이 없다! 당장 무릎을 꿇어라!
몸 씻고 마음 씻고 썩은 창자를 잘라내라!
그리하면 서러움도 다시 없을 테지만,
그날이 언제 올는지 알 수 없고,
어쩌면 영영 안 올지도 몰라
더욱 서럽고 두려운 것이다.
서러움이여!
돌이킬 수 없는 우리들의 일상이여!

* 2011. 7. 30.

선이 악에게
—사람

나의 정체가 무엇인지 너는 모른다.
그러면서도 내가 검둥이라고 되려 비웃는다.
눈이 멀었더냐, 어디가 아프더냐.
수다 떨지 마라, 너와는 피가 다르다.
가슴에 꿈이 없고 얼굴조차 찌그러진 너를 두고
내 어찌 돌아서랴. 밤이면 이불을 깔아주고
낮이면 맑은 물로 몸을 깨끗이 씻어준다.
찌그러진 얼굴도 씻으면 달라질까 봐,
빈 가슴도 어루만지면 꿈이 솟구칠까 봐,
눈 질끈 감고 너에게 아낌없이 마음을 준다.
그래도 너는 절망의 어둠, 눈비로 오는 슬픔,
해뜨는 아침에도 갈 길을 못 찾는다.
그런 너를 두고, 자신도 모르고 길길이 날뛰는
너를 두고, 나는 참고 견디며 적선을 한다.
보라. 창밖엔 오직 찬란한 햇빛이 출렁이고,
길마다 꿈을 품은 사람들이 몰려들고,
길 잃은 새들이 길 찾아 떼지어 날아든다.
이제 알겠느냐, 나의 정체는 파아란 하늘.

* 2007. 8. 11.

세상에서 가장 무서운 것
—사람

세상에서 가장 무서운 것은
호랑이나 사자나 상어나 악어가 아니다.
한밤에 혼을 빼앗아 가는 귀신도 아니다.

세상에서 가장 무서운 것은
조그만 가슴에 허영과 탐욕이 가득한 사람이다.
모질고 교만한 것들이 몸에서 지글지글 끓는다.

그들은 못할 일이 없다. 겉으론 착한 척하면서
검고 어두운 마음 속에 차곡차곡 욕심을 채운다.
닳고 해진 세상 속에 근심걱정을 불어넣는다.

그들이 만든 총칼 앞에선 아무도 당할 수 없다.
새도 나무도 꽃도 산도 강도 벌벌 떨고,
제아무리 힘센 짐승도 그 앞에선 꼼짝 못한다.

세상에서 가장 무서운 것은 다름아닌 사람이다.
허영과 탐욕에 빠진 사람의 잔악한 마음이다.

* 2011. 6. 14.

실수
—사람

갈 수 없는 길은 가지 말아야 한다.
실수는 그때부터 시작된다.

밖에 나서면 누구든 만날 수 있지만
만나는 사람마다 반가운 건 아니다.

인사치레로 손 한 번 잘못 잡았다가
큰 코 다친 사람 참으로 많다.

가진 것을 잃으면 어디로 가야 할지,
당하지 않은 사람은 모른다.

못된 나무는 질경이보다 잘 자란다.
궂은 곳에서 나무는 더욱 잘 자란다.

믿을 것이 아니면 믿지 말아야 한다.
뒤도 바라보지 말아야 한다.

* 2009. 12. 6.

소리
——사람

눈이 없다.
손발이 없다.
몸통이 없다.
그래도 할 일은 다한다.

잔머리 굴려서 한 가방,
음모와 흉계로 또 한 가방,
밤새워 빼앗고 훔쳐온 물건들이
곳간을 짓고 빌딩을 세운다.

눈 있는 자여, 전하라.
저들은 왜 항상 소란한가.
저들은 왜 정체가 없는가.
저들은 왜 책임이 없는가.

소리는 말이 아니다.
소리는 종이 아니다.
소리는 꿈이 아니다.
소리는 힘이 아니다.

소리는 오직 소음일 뿐,
바람 따라 떠도는 메아리일 뿐,
하지만 정신 못 차린 사람들은
아직도 그를 분별치 못한다.

* 2010. 3. 18.

스승
—사람

1.큰 산
우리 마을에 큰 산이 있었지.
철마다 나무들 꽃들 잎 돋고 꽃피우고
이름 모를 새들이 떼지어 몰려들고,
굽이친 계곡 따라 바람과 구름이 기웃거리며
하늘의 눈물 같은 비를 데려와
밤낮없이 넘치게 흘렀지.
마을 사람들은 이곳에 모여 앉아
흘러간 세월을 노래하고,
때묻은 몸과 마음을 씻으며
조그만 가슴팍에 꿈도 심었지.

그 산이 어느 날 돌연 가던 길을 멈추고
하늘 길로 돌아서자
나무도 새도 꽃도 바람도 구름도
다 따라서 가고,
메마른 돌만 첩첩이 쌓였지.
그러나 굽이친 골짜기엔 반가워라,
당신이 남긴 황홀한 빛들!

오늘도 찬란하다.

산이여! 우리 마을의 큰 산이여!
당신은 이제 세상에 없네.
당신은 이제 하늘에 있네.

2.이상한 꿈

꿈에 스승을 만났네. 어딘지도 모르는 상가(喪家)였네. 스승은 떠난 지 수십 년이 지났지만, 옛 모습 그대로였네. 얼마나 그리웠던가. 나는 스승을 껴안고 울었네. 스승도 따라 울었네. 스승은 어느 구석으로 나를 데려가더니, 그동안 어떻게 지냈느냐? 사는 형편은 어떠냐? 묻더니, 내 대답은 듣지도 않고, 모두 부질없다! 힘들게 살지 마라! 하고 말씀하셨네. 내가 궁금하여, 무슨 뜻이느냐고 물으려 하자, 스승은 홀연히 그곳을 떠나셨네.

모두 부질없다! 힘들게 살지 마라!

꿈이 너무 황당하여, 며칠을 잠도 못 잤네. 스승의 말씀이 머리에서 잠시도 떠나지 않았네. 스승은 왜 그랬을까? 오랜만에 만났으니 할 말이 많으실 텐데, 다른 말은 제쳐두고 왜 그 말씀만 하시고 홀연히 떠났을까? 스승은 그곳에서 예수를 만났을까? 공자와 석가를 만났을까? 스승이 그들의 말씀을 내게 전했을까? 아무리 궁금한들 어찌할까. 스승과 나는 한 마을도 아닌 이승 저승으로 갈라져 사는데, 찾아가 물을 수도 없었네. 그냥 덮어두기로 했네. 머리를 동여매고 기억해 두었다가 훗날 저승에 가서 스승을 만나면, 그때 물어 보기로 했네. 잊지 않고 물어 보기로 했네.

3.추억

추억은 성격에 따라 빛깔이 다르다.
슬픈 추억은 검고 아름다운 추억은 하얄까.
슬픈 추억은 쓸쓸한 발 아래 눕다가
어디론가 사라지게 마련이지만,
아름다운 추억은 얼굴에 연지 찍고 분 바르고
세월이 가도 늙지 않고 거리를 활보한다.

자식을 잃은 부모는 추억을 잊으려고

지나간 세월을 문 밖에 내버리지만,
스승을 잃은 제자는 추억을 잊지 않으려고
지나간 세월을 길가에 펼쳐 놓고,
스승이 남긴 발자국을 빠짐 없이 찾아낸다.

슬픈 추억은 잊어 버리고 싶지만
아름다운 추억은 자랑하고 싶다.

* 2006. 7. 8.

시(詩)
—사람

1.
오가는 길에서 자주 만날 수 있지만
서로가 얼굴조차 모르고 살아간다.
길은 날마다 태어나서 죽을 때까지
꿈 잃고 병든 자들이 득실거리고,
비 오는 날이나 눈 내리는 날,
또는 발길이 멈춘 한갓진 밤이면
창 밖을 보며, 저마다 외로움에 젖는다.
떠나간 꿈은 돌아올 줄 모르고,
고적한 마음엔 그리움만 쌓인다.

2.
시는 해다. 달이다. 별이다. 은하수다.
시는 빛이다. 어둠이다. 아침이다. 저녁이다.
시는 산이다. 바다다. 강이다. 호수다.
시는 물이다. 불이다. 바람이다. 구름이다.
시는 나무다. 숲이다. 흙이다. 돌이다.
시는 눈이다. 비다. 안개다. 이슬이다.
시는 천둥이다. 번개다. 태풍이다. 해일이다.

시는 뻐꾹새다. 종달새다. 원앙새다. 앵무새다.
시는 철쭉이다. 목련이다. 장미다. 백합이다.
시는 노래다. 웅변이다. 고함이다. 메아리다.
시는 부모다. 스승이다. 친구다. 이웃이다.
시는 밥이다. 국이다. 술이다. 떡이다.
시는 만물의 얼굴이다. 머리다. 손이다. 가슴이다.
시는 시다. 세상의 어디에도 시가 아닌 것은 없다.

3.
시가 제아무리 지천으로 널려 있다 하지만
꿈이 없는 자는 가질 수 없다. 눈이 있어도
보지 못하고, 손이 있어도 붙잡지 못한다.
시는 벌써 세상 밖으로 달아나 버리고,
버려진 깃발만이 펄럭이며 허세를 부린다.
누가 이 허망한 곳에 깃발을 세우는가.
누가 이 어둠에서 빛을 캐려고 하는가.
그러나 병든 자가 잃었던 꿈을 되찾고
그의 가슴에 시가 활짝 꽃피울 수 있다면
천지가 개벽하리니, 그날이여 어서 오라! *2011. 9. 3.

시와 눈물
—사람

시는 눈물 한 방울에서 비롯된다.
메마른 가슴에서 눈물 한 방울을 얻으려면
깊은 산 몇 천의 능선을 넘어야 하리니,
얼마나 고달픈 일이랴.

시는 그 능선을 넘고 넘어,
슬픔이 굽이쳐서 온몸에 눈물이 그렁그렁
맺히는 날에 절정을 이룬다.

절정에 이르면 눈물은 희망이 된다.
고통 속에서 진주가 태어나듯
얼룩진 그 자리에 햇볕이 들고,
어느 새 살며시 꽃과 나비가 찾아든다.

삶이란 고통을 던져 눈물을 만드는 일이다.
길마다 슬픔이 흘러가도 가슴은 더욱 메말라
이웃고 손놓고 드러눕는 이가 즐비하다.

시인은 벌써 그 일을 걱정한다.

눈물이 멈추면 하던 일도 끝이 나고
남들과 더불어 저문 해를 맞게 되리니,
시가 남아서 이를 기념하리라.

* 2011. 9. 11.

십장생
—사람

새들도 잠시 쉬었다 가는 문경새재,
문명의 손으로 말끔히 닦아 놓은
훤칠한 길 한 모퉁이,
조그만 휴게소의 허름한 가게에서
십장생이 그려진 도자기를 산다.

배불뚝이 아기처럼 촌스러운 백자 화병,
거리에 내버려도 천 년은 견딜 듯이
단단해 보이는 근육질의 몸통에
목줄기가 사슴 모양 길게 뻗쳤다.

화병에 문신으로 새겨 놓은 십장생,
해, 산, 물, 돌, 구름, 소나무, 불로초,
거북이, 학, 사슴, 이들 모두가
살아 있는 생명처럼 꿈틀거린다.

이 화병을 보며 나는 꿈꾼다.
우리들도 늙지 않고 죽지 않는
영물이 될 수는 없을까.

세상에 누를 끼치지 않고, 오래오래
살아가는 자연이 될 수는 없을까.

* 2010. 8. 18.

아이와 나무
—사람

아이 하나 기르기란
나무 백 그루 기르는 것보다
어렵고 힘든 일이다.

나무는 땅에다 씨만 뿌려 놓으면
하늘이 알아서 물 주고 햇볕 주고
심심하면 산들산들 바람도 주어,
세월의 등에 앉아 거침없이 자라지만,

아이는 그렇지 못하다.
부모가 밤잠을 설쳐 가며
기진맥진 몸이 부서지게 일을 해도,
허기진 배를 절반을 못 채운다.

하물며 철 따라 옷 갈아 입히고,
나이 따라 학교 올려 보내고,
오가는 길을 가르치며 손잡아 주기란
백발이 되어도 못다 한다.

아이를 기르기란 그만큼 힘들기에
잘 기르면 별이 되고,
못 기르면 돌이 된다.

* 2011. 5. 27.

악인을 위하여
—사람

이제는 눈 감아야 되겠습니다.
햇빛 찬란한 아침이 와도
일어서지 말고,
한 사흘쯤 그대로 누웠다가
저 깊은 미지의 나라,
어둠의 궁전으로 들어가야겠습니다.

그리하면, 당신은 이제부터
세상에서 진 빚을 갚지 않아도 되고,
어둠의 궁전에서 펄펄 날며
아직도 못다 한 꿈, 천하에 못된 꿈,
악하고 교활한 꿈, 더욱 펼칠 수 있으리니,
이보다 다행한 일이 어디 있겠습니까.

이제 돌아가야 되겠습니다.
찢겨진 세상 거리 뒤돌아보지 말고,
하루 빨리 돌아가야겠습니다.
잠시도 머뭇거리지 말아야겠습니다.

하늘이여, 저들을 용서하지 마소서.
저들이 지은 죄를 일일이 살피시고
지구 너머 다시는 못 올 곳으로 보내소서.
저문 날 서산에 지는 해처럼 활활 불타며
지구 밖으로 꼴깍 넘어가
다시는 돌아오지 못하게 하소서.

* 2009. 4. 20.

외로움에 관하여
—사람

사는 일은 외로운 것이다.
꿈꾸는 일은 외로운 것이다.

남보다 아름답게 사는 일은
남보다 지혜롭게 사는 일은
더욱 외로운 것이다.

저기 길 떠난 사람을 보라.
하늘을 나는 새를 보라.
산이나 들, 벌판에 아득히 널려 있는
나무와 꽃을 보라.

저마다 잘난 듯이 뽐내지만
때로는 야릇한 향기도 내뿜지만
무엇이 즐거울 수 있으리.

몸 속 깊이 들어가 실핏줄 타고
뼛속까지 샅샅이 살펴보면
어느 한 곳도 성한 곳 없이

외로움에 흠뻑 젖어 있다.

바람 불면 바람 때문에 외롭고,
비가 오면 비 때문에 외롭고,
낮이 오면 햇빛 때문에 외롭고,
밤이 오면 어둠 때문에 외롭고,
잠시도 떠날 줄 모르는 외로움,
차마 눈뜨고 볼 수 없으리니

통곡이여, 차라리 너를 붙안고
천 년쯤 목놓아 울어 보면 어떠랴.
그러면 마음이 풀어지랴.

사는 일은 외로운 것이다.
꿈꾸는 일은 외로운 것이다.

* 2011. 3. 7.

용하다
—사람

눈비 내리는 언덕에 선다.
살아야 하나, 죽어야 하나.

살자면 어디로 가야 하나.
동으로 가나, 남으로 가나.

아무리 궁리를 해도
해답이 나오지 않는다.

조급한 몸에선 열이 솟지만
한 발짝도 나서지 못한다.

길에는 안개가 가득하여
앞을 내다볼 수 없고,

그래도 사는 사람은 누구인지,
참으로 용하다.

* 2010. 7. 16.

자라는 방법
—사람

우리 집 손녀인 예림이가 자랄 때,
욕심 많은 할머니는 한 손에 책을 들고
또 한 손엔 연필을 들고 엄하게 다스렸다.
남에게 뒤떨어지면 큰일난다고 했다.

그와 달리, 마음이 약한 할아버지는
핏줄의 정에 매달려서 안아 주고 업어 주고
하늘에 사정하며 두 손을 비벼댔다.
사랑이 제일 가는 약이라고 했다.

그러나 예림이는 어느 쪽에도 상관없이
저 하고 싶은 일을 위해 해 지는 줄 모르고,
딴 일을 시키면 동네가 시끄럽게 울어댔다.
철부지의 고집을 막을 순 없었다.

예림아, 요즘 생각은 어떠니?
욕심 많은 할머니가 좋으니? 아니면,
마음 약한 할아버지가 좋으니?
이를 자신 있게 말할 수 있다면
너는 벌써 철이 든 거다.

* 2011. 6. 4.

우리들이 사는 법
—사람

가는 길을 모른다.
가파른 능선이나 돌밭을 헤매고 있다.
새는 어느 곳을 날아도 길이 되는데
사람들은 위치조차 짐작치 못한다.

사는 길을 모른다.
마음을 비우면 사랑이 쌓이고
욕심을 버리면 희망이 넘치는데
이를 깨닫지 못하고
사람들은 날마다 걱정에 사무친다.

절망이 밤새워 싹트고 있다.
그 싹이 자라서 나무가 되어
잎이 돋고 가지치고,
슬픈 열매가 주렁주렁 열린다면
어찌 감당하랴.

이제는 돌아서야 한다.
어둠에 묶인 사슬을 끊어야 한다.

때묻은 몸 씻고 굽어진 마음 내버리고
그늘진 언덕을 넘어서면
숨어 있던 길이 환히 비친다.

* 2010. 7. 28.

운평선
—사람

하얀 구름이 바다에 깔린다.
바다가 금세 은쟁반이 된다.

구름이 은쟁반에 몰려들자
갑자기 눈앞의 풍경이 사라지고
옛날 풍경이 밀려든다.

지독한 흉년이 들던 시절,
굶주린 사람들은 거리에 눕고
나무도 바람도 지쳐서 쓰러졌다.

전쟁이 한창 기승을 부릴 때,
찢어진 하늘엔 포탄이 날아다니고
부모가 죽어도 울지 못했다.

백발이 된 어느 시인은
그때 헤어진 부모를 만나기 전엔
죽지 않겠다고 했다.

흉년은 없어져야 한다.
전쟁은 없어져야 한다.
이별은 없어져야 한다.

구름이 걷히자 은쟁반이 되돌아온다.
바다에 몽실몽실 김을 피우며
운평선, 정말 멋지게 떴다.

* 2007. 7. 17.

위선

—사람

생각을 잘라먹으면 되겠죠.
가는 길도 오는 길로 뒤집어 버리고
아는 것도 모른 척 한 눈 감으면 되겠죠.
아무리 이상해도 돌아서면 되겠죠.

나뭇가지에 가시가 솟구쳐 올라도
피어오른 꽃잎만 쓰다듬으며
어여쁘다고, 향기롭다고,
속내를 감추고 능청을 떨면 되겠죠.

가슴에 맺힌 응어리를 선뜻 꺼내어
이웃집 개에게 던져 주면 되겠죠.
지나는 사람들이 사정도 모르고
맘씨 좋다고 박수를 치겠죠.

분수에 맞지 않아도 신발 벗고 나서면
누구든 믿지 않을 수 없겠죠.
제 앞에서 무릎 꿇지 않아도 의심치 않고
변명이라는 누명을 씌우지 않겠죠.

겨울 내내 겪었던 설움이 고드름 되어
처마 밑에 대롱대롱 매달려 있어도
염려 없다고 허풍을 떨면 되겠죠.
능청스럽게 돌아가는 비디오처럼
사람들은 덩달아 춤추며 빙빙 돌겠죠.

* 2010. 3. 10.

이른 봄
—사람

날이 춥다, 친구야,
할 일이 많은데
문 밖에 나설 수가 없다.

아직도 바람이 칼을 갈고,
음모가 귀를 세우고,
악당들이 떼지어 활개친다.

오늘은 운수가 나쁜 날,
돌멩이들이 날으는 날,
사냥개들이 설치는 날,

그러나 내일은 달라지겠지.
세월도 밤낮이 바뀌듯이
사랑도 이별이 따르듯이
악당들이 물러서고 나면,

어둡고 음습한 창 밖의 하늘도
말끔히 씻어지고,

처마 밑에 몰려 있던 근심걱정도
어디론지 사라지고,
햇볕이 쨍하게 들겠지.

숨어 있던 새들은 돌아와 창공을 날고,
그늘에 갇힌 나무들은 꽃잎을 활짝 피우며
향기를 내뿜겠지.

겨우내 기다리던 우리들의 그리움도
헝클어진 머리를 쓸어 올리며,
허전한 가슴 속에 살며시 스며들겠지.

* 2011. 7. 30.

이별 연습
—사람

떠나는 연습을 한다.
너는 나에게 나는 너에게
서로가 마주보며
손 흔드는 연습을 한다.

때가 되면 누구든 떠나는 게
당연한 일이지만,
그때가 아무리 멀리 떨어져 있어도
미리서 헤어질 준비를 하고,
손 흔드는 연습을 한다.

새나 짐승이나 나무와 풀들은
입도 벙긋 안 하는데,
유독 생각이 깊어서일까,
사람만이 성급히 문 밖에 뛰쳐나와
야단법석을 떨어댄다.

슬픔도 사흘이면 잊혀지고 마는데,
눈물도 마르기 전 마음을 바꾸는데,

그것이 얼마나 대수롭게 보이는지
새벽부터 일어나 소란을 피운다.

예전엔 떠나면 큰일난 줄 알았는데,
날씨만 차가워도 발을 동동 구르고
불로초를 찾아서 세상 끝을 헤매고
죽으면 삼 년은 무덤 곁에 살았는데,

이제는 세상이 달라진 것일까,
태어나면 벌써 저승 갈 준비를 한다.
떠나기 위해 보석 같은 꿈을 꾸고,
떠나기 위해 불꽃 같은 희망에 부푼다.

* 2011. 3. 17.

자리
—사람

가을이 머무는 자리에
찬바람이 뜬금없이 몰려옵니다.
꽃들이 모여 앉은 따사로운 곳에
참새들이 노래하는 즐거운 곳에
찬바람이 웬일인가요.
그래서 이웃을 잘 둬야 하는데요.
어디 가나 남의 것 훔치려는
음탕한 자들 널려 있지요.
젠장!

* 2012. 10. 31.

작다

——사람

눈이 작으니 길이 보이지 않는다.
마음이 작으니 사리를 분별치 못한다.
세월이 작으니 살아갈 여유가 없다.

옳고 그름을 깨닫지 못하고,
어둠과 빛을 분간하지 못하고,
자신이 어디에 있는지도 알지 못한다.

쥐꼬리만한 희망도 없는
작은 것만을 작은 것만을 찾으며
허둥지둥 헤맨 시간이 얼마나 많은가.

세상이 좁고 궁색한 것은 그 때문이다.
하루도 변함없이 작게만 작게만 살아온
사람의 마음 때문이다.

* 2010. 7. 16.

전락(轉落)
—사람

요즘은 왠지 이상한 사람들이 많다.
거리마다 이상한 사람들이 득실거린다.
생각이 흐리고, 마음도 헷갈리고,
올바른 판단이나 절제는 기대조차 못한다.
제 정신으로 사는 사람이 없어 보인다.

특히 어른들을 보면 이상하다.
다른 나라 어른들은 더욱 이상하다.
독도를 제 나라 땅이라고 생떼를 부리는
섬나라 어른들이 있는가 하면,
이어도가 제 나라 섬이라고 느닷없이
시비를 거는 대륙의 어른들도 있다.
장난도 아닌데, 뒷다리를 거는 걸 보면
저들을 어른으로 모셔야 할지, 난감하다.
앞으론 어느 나라 어른이 불쑥 나타나
무슨 섬을 내놓으라고 엄포를 놓을지 모른다.

세상이 참 더럽게 굴러간다.
사람들이 우습게 늙어 간다.

모두가 살기 위한 계략이나 연극일 수 있지만,
빈말이라도 할말과 못할 말이 따로 있다.
말 하나도 가려 쓸 줄 모르면서 어찌
어른 노릇을 하랴. 그것도 모르면서 어찌
어른 대접을 받을 수 있으랴.

사람들이 왜 이리 한심하게 떨어지는지 모른다.
제발, 세 살 적 철부지는 되지 말아야 할 텐데,
걱정만 자꾸 늘어난다.

* 2012. 3. 22.

조망

—사람

하늘에 오르면 세상이 잘 보인다.
겉으론 빛깔 좋은 모습이 더욱 잘 보인다.
구름이 송이송이 지나며 눈을 가린다.
볼 것만 보고 못볼 것은 보지 말라는 것 같다.
우뚝 솟은 산들은 온통 울툭불툭한 돌덩이들이고
새파란 바다는 잠시도 잔잔치 못하고 줄창 뒤집힌다.
세상이 아름답다는 말은 수정되어야지!
하늘에서 내다본 세상은 정말 꼴불견이다.
시끄럽고 더럽고 냄새나고, 부끄럽고 두렵고,
하루도 편안할 날 없는 우주 속의 작은 별.
그런 곳에서 우리가 살고 있다.

* 2007. 6. 10.

조화(造化)
—하늘의 섭리

내 사랑은 끝이 없다.

창 밖엔 사정없이 바람이 몰아치고,
세월의 잔혹한 이빨에 잘근잘근 씹혀서
서럽게 버려진 삶의 옷가지들이
길마다 울며불며 펄럭이는데,
누군들 등돌리고 돌아설 수 있으랴.
눈물이 비가 되어 길을 적신다.

너희가 메마른 땅에 발을 들여놓은 때는
아침이면 어김없이 동에서 해가 뜨듯
너희 가슴에 의로운 불길이 타올라서
오가는 길마다 넘치길 바랐는데, 아니로구나!
허망한 바람만 펄펄 날린다.

그래도 내 사랑은 끝이 없다.

자나깨나 머리맡에 상 차려 놓고
너희 마음을 돌이키는 향을 피운다.

그래도 달라지지 않으면, 어찌하랴.
참고 견디는 것만이 진실한 사랑이랴.
모질고 흉악한 자에겐 벌을 내리려고
창과 칼을 만든다.

하늘의 율법을 아느냐.
그른 일에는 기어이 벌을 주고
옳은 일에는 반드시 상을 준다.
세상이 열린 이래 다르지 않았느니,

보라, 나는 잠시도 지체없이
몹쓸 시간은 휩쓸어 가고,
못된 자들은 붙들어 가고,
착한 자들은 세상살이 아무리 힘들어도
꿋꿋이 살아남아 복을 누릴 수 있도록
앞뒤를 돌아보고 사리를 분별한다.

오늘도 나는 꿈꾼다.
세상이 나와 함께 하기를.
온 땅에 희망이 넘치기를.

* 2010. 3. 22.

존재
—사람

풀잎 하나가 움돋으면
우주가 두 손 들고 일어서서
손뼉 치며 반긴다.

봄이 오는 아침,
길 떠난 풀들이 창 밖에 돌아와
광활한 대지에 꿈을 심는다.

어둠까지도 눈뜨게 하는
의로운 싹들이, 생명의 깃발들이
우뚝우뚝 솟아오른다.

모든 존재는 위대하다.
이보다 중요한 것은 없다.

* 2010. 1. 4.

집

—사람

큰 집에 살면 마음에 산이 솟는다.
오르면 오를수록 더 오르고 싶은 욕망이 솟구친다.
허영과 탐욕과 오만이 살금살금 뒤따른다.

작은 집에 살면 마음에 구름이 떠돈다.
가도 가도 끝없는 길에 몸과 마음은 지치고,
넘어지지 않을까, 부서지지 않을까, 걱정만 쌓인다.

집 없는 사람은 하루도 살고 싶은 날이 없다.
허망한 마음 속엔 담쟁이 넝쿨만 무성하고,
어디를 가나 끊임없이 비바람이 몰아친다.

큰 집에 불이 나면 사람들은 구경만 하고,
작은 집에 불이 나면 사람들은 발을 동동 구른다.
집 없는 사람들은 마음에 항상 불이 난다.

* 2012. 10. 27.

천국이 아니다
——어느 묘지에서

오지 말 걸 그랬다.
아무리 편히 쉬는 황천길이라 하지만
너무나 어둡고 삭막하다.
눈만 뜨면 보이던 그 흔한 빛도 없고,
밤낮으로 번갈아 가며 떠오르던
해와 달도 보이지 않고,
먹을 것도 없고, 입을 것도 없고,
등신도 아닌데 할 일조차 없다.

다들 어디로 갔나.
산 강 바다 바람 구름 비 눈 안개
나무 풀 꽃 새 짐승, 그 흔한 것들도
어디로 달아났는지 보이지 않고,
시간도 숨결도 정지된 고요한 밤이다.
일찍이 무릉도원을 찾던 이들 많았는데
그들조차 어느 곳에 숨었는지,
옷자락 하나 보이지 않는다.

친구여, 누가 묻거든 모른다고 하라.

다시 묻거든, 이곳은 올 곳이 아니니
근처에도 얼씬거리지 말라고 간절히 일러라.
그래도 또 묻거든 당당히 대답하라.
하늘도 땅도 없는 허공이라고.
꿈도 희망도 없는 절벽이라고.
천국은 다른 곳에 있을 거라고.

* 2011. 3. 9.

태안반도에서 · 1
——검은 모래알

육지의 모래알이 바다의 모래알을 씻는다.
작은 모래알이 큰 모래알을 씻는다.
방재옷 입고, 목이 긴 장화 신고, 목숨을 하늘에
맡겨두고, 용기 있게 바다에 나선다.

수억 년 변함없이 꿈꾸어 온 푸른 바다,
그 바다에 찬바람이 씽씽 분다.
물 속의 고기들이 끙끙 앓는다.
어디가 아프냐! 얼마큼 다쳤느냐!
세상 밖으로 쫓겨나게 되었으니, 얼마나 서러우냐!
오늘은 내가 너의 마음을 어루만진다.

대체, 누가 너에게 앙심을 품었더냐!
아니면, 왜 너에게 기름을 퍼부었더냐!
닦아도 소용없는 이 봉변을 어찌할 거냐!
검은 기름이 세포마다 절절히 스며들어
갈 길을 잃는다. 눈앞이 보이지 않는다.
어디를 가나 검은 자갈이나 검은 모래알뿐,
맘 놓고 나설 곳이 없다.

소문이 들끓는다. 사람의 마을에 별이 뜬다.
자연을 살리자! 우리들의 바다를 살리자!
걸레와 물통을 들고, 길마다 사람들이 몰려든다.
바다에 별을 띄우자! 우리들의 꿈을 띄우자!
가슴이 큰 사람들의 발길이 줄을 잇는다.
문명을 실은 차들이 줄지어 몰려든다.

모두들 검은 바다를 씻고, 검은 모래알을 씻는다.
검은 날개, 검은 부리의 새들이 멀리서 바라본다.
검은 물 속에 누운 물고기들이 간신히 일어선다.
상어, 고등어, 오징어, 멸치, 큰 고기에서 작은 고기까지
바다의 생명들이 숨을 헐떡이며 고맙다고 인사한다.

* 2008. 1. 10.

* 「태안반도에서 · 1, 2, 3」은 2007년 12월, 유조선의 파손으로 태안바다가 기름에 뒤덮이고, 온 국민이 기름제거작업에 참여했을 때, 현장에서 체험한 것을 소재로 다룬 시편임.

태안반도에서 · 2
—기름망아지

기름은 망아지다. 땅 속에 사는 망아지다.
기름은 고삐를 매어 놓으면 꼼짝없이 순한 양이 되지만,
고삐를 잡고 삶의 길목에 들어서면 문명의 빛이 되지만,
기름은 잠시라도 고삐를 풀면 세상을 뒤집어 버린다.
있는 것 없는 것 다 넘어뜨리고, 흔적 없이 불태워 버린다.
조심하라, 망아지를 조심하라.

어쩌다 망아지의 고삐가 풀렸다. 아뿔싸!
망아지는 본성을 드러내고, 바다를 휘저어 놓았다.
새파란 바다는 금세 먹물이 되어 숨도 못 쉬고 누워 버렸다.
이제 어찌할 것인가. 빵과 과자를 주어 달래 볼 것인가.
발가벗고 속살 주고 창자까지 꺼내 주며 달래 볼 것인가.
허리를 동여매고 등에다 업어 주며 달래 볼 것인가.
그런들 돌이킬 수 있는가. 이미 저질러진 일을,
누가 수습할 것인가. 무슨 수로 솟아날 것인가.
꿈길만 같다. 앞이 보이지 않는다.

바다는 파도가 뛰어 노는 운동장이다.

파도는 새까만 망아지를 껴안고 잘도 논다.
모래를 까맣게 물들이고, 바위도 까맣게 물들이고,
고기의 비늘까지 까맣게 물들이며 신나게 논다.
달라진 모래가 부끄러워 얼굴을 못 들며 운다.
바위와 돌들이 원통하여 가슴을 치며 운다.
길 잃은 고기들이 숨이 막혀 헉헉거리며 운다.
바람이 주위를 두리번거리며 안타까워서 운다.
사람들은 영문도 모르고 벌을 쓴다.
몸과 마음에 칼을 꽂고 피를 흘리며 아우성친다.

어느덧 바다에 파아란 별들이 뜬다.
방재옷 입고, 장화 신고, 손에는 걸레를 들고,
어디서 달려온 것일까, 별들이 끝없이 몰려온다.
언제쯤 망아지의 고삐를 다시 얽어맬까,
찢어진 상처는 언제쯤 치유될까, 기다려 보자.
내 가슴에도 커다란 별이 뜬다.

* 2008. 1 .20.

태안반도에서 · 3
―우주인, 혹은 학들

검은 돌들을 닦는다. 작은 돌이 큰돌을 닦는다.
장화 신고, 장갑 끼고, 모자가 달린 방재옷 입고,
저마다 우주인이 되어, 바다에 뛰어든다.

목이 긴 학이 되어, 또는 날개가 큰 갈매기 되어,
이쪽 저쪽을 날으며 바다의 때를 벗기고 있다.
예전엔 보지 못한 신기한 일들이 벌어진다.

기름때여 물러가라! 불의여 없어져라!
오만한 파도여! 수평선 너머로 사라져라!
아침의 영롱한 햇빛이여! 오직 너만이 오라!

우주인의 가슴에 피가 끓는다.
학의 머리와 갈매기의 날개에 불길이 솟는다.
곁에 있던 바람들이 넋을 잃고 쓰러진다.

오늘이 가면, 반드시 와야 할 내일,
우리들의 빛나는 일상을 위하여!
꽃 피고 열매 맺는 그날을 위하여!

* 2008. 1. 20

큰집
—사람

큰 집은 욕심이 넘쳐나는 곳이다.

재물이 넘쳐나고.
허영이 넘쳐나고.
교만이 넘쳐나고.

큰 집은 불안이 쌓이는 곳이다.

무너지면 어쩌나.
넘어지면 어쩌나.
부서지면 어쩌나.

큰 집은 편할 날이 없는 곳이다.

바람이 멈출 날 없고.
구름이 멈출 날 없고.
눈비가 멈출 날 없고.

큰 집은 마당이 넓어 손님이 몰리는 곳이다.

길 잃은 사람들이 모이고.
바람맞은 사람들이 모이고.
배고픈 사람들이 모이고.

큰 집은 지붕이 높아 하늘이 내다보는 곳이다.

잘해봤자 칭찬받을 일도 없지만
잘못이 너무 많아 노여움이 쌓이면
언제 세상 밖으로 내던져질지 모른다.

* 2010. 10. 1.

풍문
—사람

뜬구름이라고 흘려 버리지 말고,
입 다물고 귀 막을 일이다.
눈에 보여도 못 본 체하고,
사실이어도 믿지 않을 일이다.
밤에는 떠돌아다니지 말고,
저물기 전에 돌아와 문단속 잘 하고,
외진 방에 누워 숨죽일 일이다.

주위가 끝없이 고요해도
신기하다고 생각지 말고,
닥쳐올 일에 대비할 일이다.
언제쯤 당할지 모르니
봉변을 피할 준비도 해둘 일이다.
그러나, 역모를 꾀하는 일이거든
참지 말고 막을 일이다.

풍문은 바람을 안고 살지만,
때로는 화약을 품고 다니며
세상을 때려눕히기도 한다.

* 2010. 3. 9.

파도
—사람

공자(孔子)도 아니면서
'인생은 고해(苦海)'라고
철썩철썩 귀를 때리며 외친다.

나사렛 예수도 아니면서
'헛되고 헛되도다.' 하고
바위에 솟구치며 한탄한다.

산산이 부서져 흔적도 없어지는
가련한 모습,
몸까지 내던지며 생생이 보여 준다.

한 치 앞도 못 보는 눈,
한 발 앞도 모르는 가슴,
한 아름도 못 되는 생각,

그런 네가 무엇을 할 수 있겠느냐고,
천 년을 두고 하늘에 매달려도
달라질 수 없을 거라고,

해안선 너머까지 기를 쓰며 소리친다.

바다에 가면,
저들이 뱉어 놓은 말들이
거품이 되어
갯가에 하얗게 누워 있다.

* 2010. 12. 9.

폭우 내린 날
—사람

비가 온다. 어제도 오고, 오늘도 온다.
바람까지도 몰고 온다.
비가 양동이로 퍼붓듯이 내리고,
바람이 덩달아 거리를 휩쓸고 다닌다.

비가 미쳤나 보다.
비가 제 정신이 아닌가 보다.
길 가는 사람마다 불평을 하고
만나는 사람마다 걱정을 한다.

사막에선 천금 같이 귀한 비.
하늘을 보며 한 해를 기다려도
물 한 방울이 안 내려서
풀 한 포기 못 기르던 비.

밤낮없이 쏟아지며 행패를 부린다.
그제는 산을 넘어뜨리고
어제는 강둑을 무너뜨리더니,
오늘은 우리들의 집마저 내놓으라고

기둥을 흔들어 댄다.

비가 왜 이리도 사나워졌을까.
순하고 다정한 비는 어디 갔을까.
비는 이제 예전의 비가 아니다.
비가 세상을 뒤집어 버릴 것만 같다.

다들 살길을 마련해야 한다.
어둡고 굽어진 마음과 행실을 돌아보며,
고칠 것은 고치고 버릴 것은 버려야 한다.
살 길은 그 길밖에 없다.

* 2008. 7. 25.

피카소를 닮았다
—예림이의 추상화

우리집 애의 그림을 보다가 깜짝 놀란다.
아니, 그애가 천재가 되었나?
다섯 살밖에 안 된 아이가 벌써
피카소의 그림을 그린다.

천재는 보이지 않는 것을 그린다.
천재는 세상에 없는 것을 그린다.

예견할 수 없는 고도의 상상력,
모방할 수 없는 기발한 창의력,

피카소, 몬드리안, 칸디스키, 들로네,
그들의 그림처럼 충격을 주는
신비와 마력의 세계.

마음 밖에서 건성으로 바라보면
어린애라고 무시하고 싶을 만큼 무질서하고
혼란스러울 수도 있지만,
마음 안으로 깊이 들어가 자세히 살펴보면

사물의 얼굴마다 영롱한 빛이 반짝인다.

그림을 살펴보라!
어린애가 함부로 휘두른 것이 아니다.
생각이 막혀 억지를 부린 것도 아니다.

사유와 발상이 기발하고, 재치가 무궁하다.
그래도 피카소가 아니라고 우길 수 있을까.

예술은 느낌이 중요하니 보는 자에 따라
생각이 다를 수 있지만,
남이야 어찌 보든 그애는 피카소가 맞다.
그만한 재능이 충분하다고 나는 믿는다.

* 2008. 10. 17.

한숨
—사람

머리털이 희어지도록 살만큼 살다가
어딘지 돌아갈 시간의 언덕에 서면,
한숨이 널려진 세상거리를 바라보며
누구나 한 가지쯤 소원을 갖게 된다.
무슨 자랑을 하며 떠날까?
무슨 표적을 남겨 놓을까?
철없이 살아온 자는 더욱 깨닫게 된다.
이름표를 바꿔 놓을 수는 없을까?
굳어진 흉터를 잘라낼 수는 없을까?
그래도 그럴 수가 없다면,
남의 가슴에 못을 박던 뚝심을 내어
하늘 끝에 오르는 고관을 찾아가서
가진 것 다 털어 주고 엎드려 손 비비며
세상 길가에 비석 하나 세워 놓고
그곳에 거짓말이나 새겨 볼까?
그런저런 생각에 빠져서 잠도 안 온다.
그러나 돌아갈 시간이 벌써 다가와
꼼짝없이 돌아서는 모습을 보면,
지친 몸엔 버릴 수 없는 한숨만이

하늘 가는 기러기처럼 줄줄이 뒤따른다.
기막힌 한숨만이 길을 가득 메운다.

* 2012. 6. 23.

함께 살자
—사람

고난은 한갓 장난으로 삼고,
걱정 근심은 지나는 바람에 묻어
휘파람으로 날려 버리고,

고작 70년, 죽어라 견뎌 봤자 80년,
더는 못살 것을 두고 너무 공들이며
헛기침하지 말자.

하늘은 모양새로만 떠 있는 게 아니라
날마다 네게 줄 선물을 준비하고,
산과 들, 강과 바다, 널따란 들녘에는
온갖 만물이 네 앞에 다가와 목숨 내놓고
무릎 꿇고 엎드리나니,

함께 살자.
우리 서로 정답게 손잡고
천년 만년 웃으며 살자.

* 2006. 8. 20.

허영의 늪
—사람

하늘이 별 거냐, 잔등머리로 보라!
돈이 별 거냐, 돌멩이로 여겨라!
얼마든지 오를 수 있고,
맘대로 가질 수 있다!
은하수의 별도 따올 수 있다!
오늘, 가진 것 하나만 가져와 보라!
내일, 백 배 되어 네 앞에 쌓이리라!

가진 것 다 내놓고,
꿈 속에 누워 있던 미련한 자가
친구로부터 급한 전화를 받는다.
"사기꾼이다! 절대로 속지 마라!"
밖에선 비가 주룩주룩 내린다.
사람들은 모두 허영의 늪에 빠져 있다.
그 늪이 너무 넓고 깊다.

* 2009. 7. 5.

혓소리
—일본의 망언에 답함

이상한 소리가 거리에서 들끓는다.
모이는 사람마다 울화에 사무친다.
눈치 없는 달이 밤도록 길을 밝히며
흥미롭게 내려다본다.

뭐라고? 독도가 저희들 땅이라고?
지나가는 소가 웃겠다. 세상의 온갖 짐승들,
들짐승 날짐승 피라미 하루살이까지도
밤새우며 웃겠다.

한때는 이 나라 땅덩어리를 집어삼키려고
반만년 비단처럼 올곧게 자란 순한 백성들
멱살잡고 끌어다가 짓밟고 주리틀고,
마지막 심장까지 장난감처럼 주물럭거리며
병신을 만들기 일쑤더니,

그 버릇을 아직도 못 버렸나.
이제는 남의 땅도 제것이라고 우기며
걸핏하면 눈부릅뜨고 공갈치고 야단이니,

태초에 그랬다 하듯이,
맨 나중 지구에 불꺼지고 하늘과 땅도 사라지고
산 자도 죽은 자도 없어지거든,

이웃 사람아,
사촌보다 가까워야 할 이웃 사람아,
그런 소리는 그때나 가서 해야 하리.
그럴 수 없거든 마음을 돌려야 하리.
착하고 순한 대한의 백성처럼.

* 2008. 7. 25.

황홀한 존재
—사람

당신은 언제나 황홀하다.
세상에 태어난 것은 황홀하다.
세상에 남아 있는 것은 황홀하다.

세상에 존재하는 모든 것,
산이나 들에서 남몰래 꽃피고 열매 맺는
풀이여, 나무여, 꽃이여,
남의 눈이 두려워 땅 속에 숨어 사는
지렁이여, 굼벵이여, 이름모를 벌레여,
남의 피만 훔쳐먹는 짓궂고 염치없는
모기여, 빈대여, 벼룩이여,
밤이든 낮이든 길도 없이 떠도는
외로운 새여, 짐승이여,
그리고 세월에 몸을 실은 사람이여,

당신은 언제나 황홀하다.
하늘이 주신 것은 황홀하다.

* 2007. 6. 30.

후진

—사람

뒤로 가려면 걱정이 된다.
하던 일 접어두고 물러서는 것 같아
마음이 놓이지 않는다.

앞으로 가야 할 길도 천 리가 넘는데,
그 길도 못 가서 안달이 나는데,
뒷걸음질할 여유가 없다.

자칫하면 사고를 칠 수 있다.
남의 것을 부수거나 저들의 성한 몸에
상처를 입힐 수 있다.

뒤로 가려면 정신을 바짝 차릴 일이다.
뒷길에 놓인 하찮은 풀이나 돌멩이도
다시금 살펴볼 일이다.

그래도 잘못되어, 눈뜨고도 실수하여
남의 손끝이라도 건드린다면
허리를 굽혀 사죄할 일이다.

뒤가 안 보여 그랬으므로,
세상은 늘 그런 곳이므로,
상대도 기꺼이 용서할 일이다.

* 2010. 8. 21.

희롱당하다
—사람

별것도 아닌 것들이 잘났다고 야단이다.
별것도 아닌 것들이 큰소리치며
세상을 시끄럽게 한다.

제 앞가림도 못하는 것들이,
세상 물정도 모르는 것들이,
허황한 마음만 가득 안고
거침없이 길목을 누비고 다닌다.

예쁘지도 않은 것들이 예쁜 척 흉내내고,
잘나지도 못한 것들이 잘난 척 뽐내며,
바람 부는 하늘에 풍선을 띄운다.

그러면 무엇이 되는가.
해만 뜨면 누구나 꽃이 피는가.
길만 나서면 발 아래 빛이 드는가.
조그만 꿈도 없이, 희미한 희망도 없이
허공에 손짓 발짓만 해댄다.

남들이 손가락질하며 비웃는다.
껍질만 남은 몸에다 침뱉고 돌을 던진다.
그래도 눈 한 번 깜짝하지 않는다.
돌을 맞으면 아픈 줄도 알아야 하는데,
오히려 꼿꼿이 서서 코방귀나 뀌어댄다.

하늘이 눈 부릅뜨고 내려다본다.
땅에선 때도 없이 비바람이 몰아친다.
별것도 아닌 것들이 별것인 양 떠드는 통에
세상이 이리저리 뒤뚱거린다.

그러니 세상 좋다고 믿지 말 일이다.
사람 좋다고 떠들지 말 일이다.

* 2012. 6. 9.

'사람' 포옹을 위한 시 오케스트라

丁 成 秀
(시인)

김년균 시인이 이 지상에 열네 번째로 탄생시키는 시집 『우리들이 사는 법』(2013)은 '사람'을 주제로 한 '연작시'라는 특별한 의미를 지니고 있다.

여기서 필자가 연작시에 대해 '특별한 의미'를 부여하는 까닭은, 요즘은 하나의 큰 주제 또는 소재에 대해 오랜 기간 동안 집중력을 발휘하여 깊이있게 천착하면서 눈부신 시의 금맥을 계속해서 찾아내는 작업인 '연작시'와의 조우가 그리 쉽지 않기 때문이다.

무려 수십 년간에 걸친 김년균 시인의 길고도 긴 시적 노동인 '사람' 연작시 작업은 그것에 대한 시인의 투사적(?) 의지와 다함없는 열정과 끝없는 탄주 그 자체만으로도 눈부시고 아름답다.

그것은 한 시인의 시들지 않는 영혼과 시적 감성을 뿜어내는 심장과 지칠 줄 모르는 피땀이 함께 어우러져서 켜고 있는 시의 내밀한 무대 위에서의 특수한 오케스트라이기 때문이다.

신도 아니고 짐승도 아닌 그 중간자로서의 불완전한 존재인 인간에 대한 슬픔과 연민과 사랑에 대한 순수한 기록인 '사람' 연작시는 일종의 자아 성찰과 사회 비판을 통해서 때로는 차갑고 때로는 쓸쓸한 인간의 멀고도 가까운 영혼을 김년균 시인 특유의 스타일로 따뜻하게 포옹하기 위한 다양한 시적 변주의 특별한 노래, 그것에서 피어난 향기로운 꽃이라고 말할 수 있다.

따라서 그가 표현해 온 '사람 연작시'의 서로 다른 모습과 자태를 여러 각도에서 바라보기 위해 우선 이번 시집의 표제시인 「우리들이 사는 법」부터 살펴보기로 한다.

가는 길을 모른다.
가파른 능선이나 돌밭을 헤매고 있다.
새는 어느 곳을 날아도 길이 되는데
사람들은 위치조차 짐작치 못한다.

사는 길을 모른다.
마음을 비우면 사랑이 쌓이고
욕심을 버리면 희망이 넘치는데
이를 깨닫지 못하고

사람들은 날마다 걱정에 사무친다.

절망이 밤새워 싹트고 있다.
그 싹이 자라서 나무가 되어
잎이 돋고 가지치고,
슬픈 열매가 주렁주렁 열린다면
어찌 감당하랴.

이제는 돌아서야 한다.
어둠에 묶인 사슬을 끊어야 한다.
때묻은 몸 씻고 굽어진 마음 내버리고
그늘진 언덕을 넘어서면
숨어 있던 길이 환히 비친다.

—「우리들이 사는 법」전문

1연에서는 새와 사람을 대비시켜 '새는 어느 곳을 날아도 길이 되는데/ 사람들은 위치조차 짐작치 못한다.'라고 넓고 긴 시야 속에서 자유자재로 꿈을 향해 높이 날아가는 이상적 존재인 '새'와 좁은 시야 속 지상에서 낮게 걸어가는 현실적 존재인 '사람들'을 노래한다.

'어느 곳을 날아도 길이 되는' 새와 길의 '위치조차 짐작치 못'하는 사람과의 편차는 너무나 크다. 그것은 새처럼 높은 이상을 지니고 사는 사람과 사소한 이익을 찾아 헤매는 사람과의 정신적 편차, 혹은 현실적 편차, 한 생애의 편차이기도 하다.

작은 욕망의 그물에 사로잡혀서 심지어 '가는 길을 모'르는 인간이란 이름의 현실적 존재는 '어느 곳을 날아도 길이 되는' 크고 넓은 곳으로 가지 못하고 지극히 '가파른 능선이나 돌밭을 헤매고 있다.'

적어도 이상을 향해 '가는 길을 모'르는 존재야말로 비극적인 존재가 아닐 수 없다. 그럼에도 불구하고 그 비극적 존재는 더욱더 비극적이게도 '사는 길'조차 '모른다.' 여기서 '가는 길'과 '사는 길'은 이음동의어이기도 하고 또한 이상과 현실의 길이기도 하다.

그 비극적 존재는 '마음을 비우면 사랑이 쌓이'는데, 그 마음을 비우지 못해 사랑이 쌓이는 일조차 실패할 수밖에 없다. 거기다가 '욕심을 버리면 희망이 넘치는데' 그 욕심조차도 버리지 못한다. 그러므로 원인에 대한 결과로서 그 비극적 존재는 너무나 당연하게도 '절망이 밤새워 싹트고 있'을 수밖에 없다.

그래서 이 시의 화자는 비극적 존재의 비극적 상황인 절망으로부터의 탈출을 위해 '이제는 돌아서야 한다.'라고 외친다. 하지만 시적 화자는 다만 그것으로 그치지 않고 '어둠에 묶인 사슬을 끊어야 한다.'라고 다시 한 번 절망 탈출에 대한 의지를 강조한다.

그리하여 '때묻은 몸 씻고 굽어진 마음 내버리고/ 그늘진 언덕을 넘어서면/ 숨어 있던 길이 환히 비친다.'라고 대단히 희망적인 방법론, 즉 인간적 절망에서의 탈출, 새롭게 펼쳐

지는 아름다운 삶의 길을 펼쳐놓는다.

다음엔 「먼 길」을 살펴보자.

하루도 못 가서 돌아선다.
먼 곳을 가려면 마음이 우뚝 솟아야 하는데,
날마다 뒷걸음치며 마음이 자꾸자꾸 내려앉는다.
바라다보면 천길 만길 깊어진 생각의 물길도
들어서 보면 우스꽝스럽게 발목에도 안 찬다.
높은 곳에서 낮은 곳까지 혹은 밝은 곳에서
어둔 곳까지 길은 항상 곳곳에 널려 있지만,
거기엔 길이 없다. 저마다 뿔뿔이 흩어져 버리고
길다운 길은 몸통은커녕 자투리도 남지 않는다.
흔적이나마 찾아보려고 발벗고 나설 양이면
물안개에 휩싸여 알쏭달쏭하거나 오락가락하고,
밟히고 찢긴 풀과 돌들만 서럽게 뒹굴고 나풀댄다.
길목의 모퉁이엔 세월의 칼끝에 찔린 사람들이,
귀중한 목숨과 더불어 버려진 가구나 물건들이,
뼈와 창자를 드러낸 채 줄줄이 누워 있다.
사위가 흉흉하고 찬바람이 사정없이 몰아친다.
뒷일이 걱정되어 두 손 들고 하늘을 바라보면
하늘은 모른 척하며 눈길도 주지 않는다.
사람들은 그래도 욕심을 버리지 않는다.
어느 길에 나서야 할지, 짐작조차 못하면서도
아무 곳에나 실없이 짐을 풀고 둥지를 튼다.

제 길도 아니면서, 자랑스럽게 줄을 선다.
사람은 왜 이리 마음이 굽고 뒤틀져 있는지,
가야 할 길은 또 얼마나 멀리 있는지,
모두가 하루도 못 가서 돌아선다.

—「먼 길」 전문

이 시는 인간이 가야 할 이상적인 길이 얼마나 지난한 「먼 길」인가를 적나라하게 보여 준다. 이 시의 화자는 '먼 길'을 향해 출발했다가 '하루도 못 가서 돌아선다.' 그 까닭은 '바라다보면 천길 만길 깊어진 생각의 물길도/ 들어서 보면 우스꽝스럽게 발목에도 안' 차기 때문이다.

즉 이상적인 길이라고 생각하고 들어선 '길'이 사실은 전혀 그렇지 못한 길, 말하자면 이상적이지 못한 길이라는 것을 곧바로 깨닫게 되기 때문이다. 밖에서 바라보는 이상적인 길과 그 안에서 바라보는 이상적인 길은 그 모습이 전혀 다르다.

이상이 이상이 아닌 현실 속 상황, 이것이 이상다운 이상을 찾아내기 어려운 인간 존재의 기본적, 또는 숙명적 한계일 수도 있다. 그것은 대단히 쓸쓸한 일이다. '높은 곳에서 낮은 곳까지 혹은 밝은 곳에서/ 어둔 곳까지 길은 항상 곳곳에 널려 있지만,/ 거기엔 길이 없다.' '길은 항상 곳곳에 널려 있지만…/ 거기엔 길이 없다.'는 것은 사방에 '길'은 널려 있어도 길다운 길, 즉 '이상적인 길'은 존재자 앞에 쉽게 나타나 주지 않는다는 것이다. 이것은 단순히 존재자 자신만의 비극이 아니라 길 자체의 비극이기도 하다. 존재자만이 생명체가 아니라 생명체가 살아가는 길 또한 또 다른 숙명적 생명체이기 때문이다.

'길목의 모퉁이엔 세월의 칼끝에 찔린 사람들이,/ 귀중한 목숨과 더불어 버려진 가구나 물건들이,/ 뼈와 창자를 드러낸 채 줄줄이 누워 있다.' '길'다운 길, '이상적인 길'을 찾지 못하고 평생을 헤매다가 길 아닌 길에서 시간을 낭비한 채 시간의 무덤 앞에 쓰러진 사람들, 그리고 역시 길다운 길을 찾지 못하고 버려진 '가구나 물건들'도 시간의 무덤 앞에 '줄줄이 누워 있다.'

여기서 우리가 또 하나 짚고 넘어가야 할 것은 김년균 시인의 '애니미즘'이다. 이 시에서는 '사람'뿐만이 아니라 '가구'나 '물건'들도 사람과 똑같이 '길다운 길'을 찾아 헤매는 동류항적 존재이기 때문이다. 그렇다면 우주 만물 그 모두가 사실은 길다운 길, 즉 어찌 보면 구도의 길을 찾아 떠도는 같은 존재이면서 또한 동시에 각자 자신만의 길을 찾아가는 고독한 존재들일지도 모른다. 다음엔 「방」을 살펴보기로 하자.

> 방은 어느 집에나 있다.
> 큰방, 작은방, 부엌방, 사랑방, 옥탑방,
> 혹은 엄마방, 오빠방, 누나방, 아이방,
> 위치나 모양은 다를지언정
> 방은 누구나 갖고 있다.

사람들은 이 방에서 꿈을 꾼다.
정치가, 사업가, 교육자, 과학자, 예술가,
또는 인생, 사랑, 우정, 행복과 같은
아름다운 꿈들을 한껏 기른다.

그러나 꿈은 날아다니는 새와 같이
어느 한 곳에 머물지 못한다.
꿈은 날이 갈수록 변하고
꿈은 해가 갈수록 달라진다.

어느 건 잎도 피우기 전에 떨어지고,
어느 건 꽃망울을 맺다가 떨어지고,
어느 건 간신히 작은 열매를 맺는다.
어느 건 귀하고 큰 열매도 맺는다.

가을이 되어 이를 거두고 나면,
많이 거둔 자는 큰 방에 가고
작게 거둔 자는 작은 방으로 옮긴다.

방은 꿈과 더불어 사는 곳이다.
그렇게 살다가 한 세상 지나
꿈을 실은 해마저 저물고 나면
꿈꾸던 사람들도 사라지고,

또다른 사람들이 꿈을 품고 돌아와
문 앞에서 기다린다.

—「방」 전문

이 시의 '방' 은유는 신선하다. 사람마다의 특별한 이상과 그에 대한 노력과 그것의 결과를 노래한 이 작품은 '방'이 단순한 주거 공간의 의미만이 아니라 생의 깊이와 넓이를 지닌 방으로 중의적 의미를 지님으로써 그 시적 공간이 확대 재생산된다.

'그러나 꿈은 날아다니는 새와 같이/ 어느 한 곳에 머물지 못한다./ 꿈은 날이 갈수록 변하고/ 꿈은 해가 갈수록 달라진다.// 어느 건 잎도 피우기 전에 떨어지고,/ 어느 건 꽃망울을 맺다가 떨어지고,/ 어느 건 간신히 작은 열매를 맺는다./ 어느 건 귀하고 큰 열매도 맺는다.// …방은 꿈과 더불어 사는 곳이다./ 그렇게 살다가 한세상 지나/ 꿈을 실은 해마저 저물고 나면/ 꿈꾸던 사람들도 사라지고,// 또다른 사람들이 꿈을 품고 돌아와/ 문 앞에서 기다린다.'

마지막 두 연은 사람의 꿈과 사멸과 그 부활을 상징적으로 표현함으로써 사람이 누리는 영원한 꿈의 변주를 호소력 있게 펼쳐 보여 준다.

다음엔 「외로움에 관하여」를 살펴보기로 하자.

사는 일은 외로운 것이다.
꿈꾸는 일은 외로운 것이다.

남보다 아름답게 사는 일은
남보다 지혜롭게 사는 일은
더욱 외로운 것이다.

저기 길 떠난 사람을 보라.
하늘을 나는 새를 보라.
산이나 들, 벌판에 아득히 널려 있는
나무와 꽃을 보라.

저마다 잘난 듯이 뽐내지만
때로는 야릇한 향기도 내뿜지만
무엇이 즐거울 수 있으리.

몸 속 깊이 들어가 실핏줄 타고
뼛속까지 샅샅이 살펴보면
어느 한 곳도 성한 곳 없이
외로움에 흠뻑 젖어 있다.

바람 불면 바람 때문에 외롭고,
비가 오면 비 때문에 외롭고,
낮이 오면 햇빛 때문에 외롭고,
밤이 오면 어둠 때문에 외롭고,
잠시도 떠날 줄 모르는 외로움,
차마 눈뜨고 볼 수 없으리니

통곡이여, 차라리 너를 붙안고
천 년쯤 목놓아 울어 보면 어떠랴.
그러면 마음이 풀어지랴.

사는 일은 외로운 것이다.
꿈꾸는 일은 외로운 것이다.

—「외로움에 관하여」 전문

'사는 일은 외로운 것이다./ 꿈꾸는 일은 외로운 것이다.' 라는 싯귀절을 앞과 뒤에 놓아 수미쌍관법을 사용한 이 시는 사람이 '사는 일'과 '꿈꾸는 일'의 근원적인 고독을 노래하고 있다.

이 작품에서 김년균 시인이 다른 시들과 다른 개성적인 모습을 보여 준 것은 바로 '꿈꾸는 일'이 '외로운 것'이라는 표현을 한 부분이다.

'사는 일'이 외롭다는 말은 이미 귀가 아프고 눈이 아프도록 무수히 말로 듣고 무수히 문자로 보아 온 것으로써 그야말로 전 인류적 공통어라고 해도 과언이 아니다. 그만큼 사람의 고독은 그 누구에게나 해당되는 근원적이고 원초적이고 숙명적인 것이다.

그래서 어찌 보면 '사는 일의 외로움'은 '사랑'이라는 단어처럼 영원히 필요불가결한 진정성을 지닌 소중한 화두이면서도 때로는 진부하기조차 하다. 그러나 '꿈꾸는 일은 외로운 것이다'라는 잠언적 표현은 '사는 일의 외로움'과 달리 대단히 신선하고 의미심장하고 아름답다.

그렇다. 사람이 자신의 이상을 향해 끝없이 날아오른다는 것은 그 얼마나 고독한 작업인가!

다음엔 「거짓말」을 살펴보기로 하자.

태어나면 누구나 거짓말부터 배운다는데, 사실인가요?
전생에서 인연을 찾아 억겁을 헤매다가 기어이
이 좋은 세상에 와서 고작 배우는 것이 이것이라면,
말이 되나요? 하지만 어쩌겠어요.
편리하고, 힘들이지 않는 거라서 그런 걸까요?
아침에서 저녁까지, 심지어는 깊은 밤 잠자리에서
잠꼬대할 때도 거짓말을 하고 말지요.
하면 할수록 재미있고, 쓰면 쓸수록 이골이 나서,
더욱 하고 싶고, 자꾸 쓰고 싶어지는 모양이지요.
이젠 잠시도 안 하면 오금이 저려 견딜 수 없고,
남들이 알아도 부끄럽거나 창피하지 않지요.
세상에 이만큼 즐거운 일이 어디 있을까요?
생각할수록 생기가 돋고, 매력이 넘치지요.
입만 뻥긋하면 되니까, 머리 아플 것도 억울할 것도 없지요.
세상이 시끄러운 것은 그 때문이라고 하지만,
세상이 조용한들 이렇게 좋은 것이 없어지겠는지요.
천지가 한판 뒤집혀 버린다면 모르지만, 어림없는 일이지요.
한평생 쏟아놓은 거짓말이 사람마다 몇 천 섬은 되리라는데,
그러면 세상바닥에 널린 것은 온통 거짓말뿐이겠으니,

한편은 한심하기도 하네요. 그걸 몽땅 쓸어다가
세상 바깥 어디에다 팔아 줄 장사꾼은 없을까요?
돈벌이가 아주 잘 되는 멋진 사업이 될 텐데.
세상에 다시 없는 부자님이 될 텐데.

—「거짓말」 전문

'거짓말 투성이'의 세상을 김년균 시인 스타일의 '구어체'로 신랄하게 비꼰 이 시는 아이러니가 넘치는 일종의 현대사회 비판시이다. 구어체는 문어체와 달리 그것이 우리 일상 언어적 표현이기 때문에 한 편의 시가 독자들에게 자연스럽게 녹아서 다가올 뿐만 아니라 일상적 친화감에서 오는 편안한 호소력, 흡인력이 장점이다.

'거짓말 사회'에 대한 시적 독설과 야유와 반어가 아주 쉽고 재미있게 읽혀진다. 산문인 소설만 잘 읽혀져야 되는 게 아니라 운문인 시도 잘 읽혀져야 한다. 시인이자 우리에게 잘 알려진 「소나기」의 작가인 황순원 선생은 생전에 늘 제자들에게 '작품은 읽혀야 한다'를 강조하곤 했다.

시의 특성 중의 하나인 애매성이나 상징성, 은유를 비롯한 각종 비유, 심상(이미지), 역설, 아이러니 등 모든 것을 감안하더라도 시 역시 일단 잘 읽혀야 한다.

읽히지 않는 시, 시인 자신도 무슨 소리인지 잘 이해하지 못하는 언어 유희적 난해시나 횡설수설 조잡한 산문적인 시들은 이 세상 독자들을 위해서 마땅히 지양되어야 한다.

또한 시인은 그 시대의 시적 '유행'을 조심해야 한다. 다른 시인의 손짓이나 몸짓이나 목소리를 흉내내는 시인은 새장 속의 앵무새이지 진정한 의미의 시인이 아니다. 시인은 문자 기술자가 아니라 이 우주 속의 창조자, 언어 예술가, 즉 지상에 존재하는 일종의 '제2의 신'이기 때문이다.

김년균 시인은 예나 지금이나 늘 자신의 목소리로 노래한다. 그것은 말하자면 당연하게도 이 시인의 독자적인 개성을 의미하는 것이다. 개성 없는 시인은 죽은 시인이 아니겠는가.

'그걸 몽땅 쓸어다가/ 세상 바깥 어디에다 팔아 줄 장사꾼은 없을까요?'라고 이 시의 화자는 '거짓말'을 '세상 바깥'에 '팔아 줄 장사꾼'을 찾는다. '거짓말 없는 사회', 그것이 시인의 꿈이다. 다시 말해서 시 「거짓말」은 삶의 진정성에 대한 희망 보고서이다.

다음엔 「권태」를 살펴보자.

살다보니 별일을 다 겪는다.
되지도 못한 사람들이 하늘과도 눈맞춘 듯이
활개치며 몰려다니고,
알지도 못한 나무들이 남이야 어찌 여기든
제멋대로 가지치고 꽃피고 열매 맺는다.
예전의 것들은 다 사라지고
낯설고 우스꽝스런 것들이 판을 친다.
만나는 것마다 제 모습이 아니다.
넓고 넓은 세상바닥 어디를 가든
제 철을 지키는 꽃이 없고,

제 맛을 내는 열매가 없고,
제 분수 지키는 사람은 보이지 않는다.
세상이 왜 이리 달라진 것일까.
옳고 그름 따질 것 없이, 남의 눈치 볼 것 없이
나는 나 너는 너, 분명히 편을 가르고,
저마다 편할 대로 막장의 길을 간다.
하늘이 노여워서 등돌린 줄도 모르고,
제 갈 길만 자꾸자꾸 서두른다.
이 황당한 일이 언제쯤 사라질 것인지,
그날이 과연 올 수는 있을 것인지,
나의 불안은 잠시도 쉬지 않는다.

—「권태」 전문

이 시는 잠언적이다. '예전의 것들은 다 사라지고/ 낯설고 우스꽝스러운 것들이 판을 친다.' 이 시에서 '예전의 것들'은 '현재의 것보다 가치있는 그 무엇'이다. 그것은 아름다운 가치관일 수도 있고 선비정신일 수도 있고 뜻있는 사람들일 수도 있다.

화자는 '낯설고 우스꽝스러운 것들이 판을 치'는 세상에 대해 '권태'를 느낀다.

다음엔 「겨드랑이」를 살펴보자.

한동안 집에서 할 일 없이 지내자니
겨드랑이에 땀이 난다.

밖에 나가 눈코 뜰 새 없이 바쁠 때는
그렇지 않았는데,
겨드랑이조차 있는지 없는지 몰랐는데,
조그만 집에 갇혀 허둥지둥 지내자니
겨드랑이에도 숨쉬는 입이 달린 듯이
벌름거리며, 벌름거리며,
땀인지 한숨인지 쉴새없이 쏟아낸다.

어쩌면 그게 한숨인지도 모른다.
길이 있어도 길을 못 가는 자,
일이 있어도 일을 못하는 자,
마주서면 한숨밖에 나올 게 없다.
세상엔 그런 자가 얼마나 많으랴.
그래도 그곳의 한숨을 들어 본 적이 없으니
신통한 일이다. 남들이 아는 게 쑥스러워
비밀로 꼭꼭 숨기고 있는 모양이다.

겨드랑이는 어깨 밑에 버려진 한낱 음지로만
보이지만, 그곳에서 몸의 조화를 이루고
삶의 안위를 깨우쳐 주는 막중한 일을 한다는 것은
꿈에서도 생각지 못한 일이다.
이제 그곳에서 한숨이 나오지 않게 하려면
때묻은 몸을 씻고 낡은 생각을 버릴 일이다.
갈 수 있는 길을 찾아, 할 수 있는 일을 찾아

새벽부터 집을 나설 일이다.

—「겨드랑이」 전문

은퇴자인 시적 화자의 자기 자신에 대한 새로운 발견이다. 일종의 자아성찰의 순간이기도 하다.

'겨드랑이는 어깨 밑에 버려진 한낱 음지로만/ 보이지만, 그곳에서 몸의 조화를 이루고/ 삶의 안위를 깨우쳐 주는 막중한 일을 한다는 것은/ 꿈에서도 생각지 못한 일이다.' 라는 화자의 고백은 숨어 있는 것들, 잊혀졌던 것들 속에서 피어나는 삶의 진실, 사람의 실체적 모습에 대한 개안이자 자탄이기도 하다. 일종의 잠언시다.

다음엔 「무화과」를 살펴보자.

꽃으로 살렸더니, 아니된다.
꽃다운 꽃이 되어 아름답게 살렸더니,
꿈이 허공으로 날아가 버린다.

문 밖은 아직도 세찬 바람이 몰아치고,
남의 일을 시샘하는 이들이,
마음에 가시돋친 이들이, 허리에 칼 찬 이들이,
길목마다 눈부릅뜨고 지켜서 있다.

세상은 왜 이리 거칠고 사나운가.

사는 일이 힘들다더니, 눈앞이 지옥이라더니,
몸 구석 어디에도 빛 한 줄기 들지 않는다.

꽃으로 살렸더니, 눈 감고 하늘에 빌었더니,
꽃 한 번 피우지 못하고 드러눕는다.
아까운 몸뚱이엔 이상한 살덩이만 돋아난다.

길을 가다 보면, 이런 사람 자주 만난다.
꽃은 못 피고 설움만 남은.

—「무화과」 전문

아름다운 삶을 누리기 어려운 사람들의 고통스러운 삶에 대한 고백인 이 시는 '꽃으로 살렸더니, 아니된다./ 꽃다운 꽃이 되어 아름답게 살렸더니,/ 꿈이 허공으로 날아가 버린다.'라고 노래한다.

사실 우리 평범한 '사람'들이 이 풍진 세상 속에서 '꽃다운 꽃'처럼 '아름답게' 산다는 일이 얼마나 지난한 일인가. 그래서 이 시의 화자는 수많은 사람들이 꽃처럼 살려고 했던 '꿈이 허공으로 날아가 버린다'고 표현할 수밖에 없다.

꽃처럼 아름답게 살지 못하는 이유를 화자는 외부적 상황 속에서 찾아낸다. '문 밖은 아직도 세찬 바람이 몰아치고,' 즉 세상 풍파는 사납고, '남의 일을 시샘하는 이들', '마음에 가시 돋친 이들', '허리에 칼 찬 이들'이 '길목마다 눈 부릅뜨고 지켜서 있다.'

이러한 생존경쟁, 적자생존의 힘들고 어려운 현실 상황은 시적 화자로 하여금 '세상은 왜 이리 거칠고 사나운가/ 사는 일이 힘들다더니, 눈앞이 지옥이라더니/ 몸 구석 어디에도 빛 한 줄기 들지 않는다'라는 쓸쓸한 한탄과 안타까움과 인간적 연민을 토로하게 한다.

'꽃으로 살렸더니, 눈 감고 하늘에 빌었더니/ 꽃 한 번 피우지 못하고 드러눕'는 사람들이 적지 않다. 꽃 같은 인간사회를 꿈꾸는 사람들의 열망에 대한 진솔한 헌사이다.

다음엔 「자리」를 살펴보자.

가을이 머무는 자리에
찬바람이 뜬금없이 몰려옵니다.
꽃들이 모여 앉은 따사로운 곳에
참새들이 노래하는 즐거운 곳에
찬바람이 웬일인가요.
그래서 이웃을 잘 둬야 하는데요.
어디 가나 남의 것 훔치려는
음탕한 자들 널려 있지요.
젠장!

—「자리」 전문

'가을이 머무는 자리에/ 꽃들이 모여 앉은 따사로운 곳에/ 참새들이 노래하는 즐거운 곳에/ 찬바람이 뜬금없이' '몰려' 온다. 가을과 꽃과 참새가 머무는 '자리'는 평화의 상징이고 '찬바람'은 그 평화를 깨는 불온한 존재, 즉 여기서는 좋지 않은 이웃이다.

화자는 '그래서 이웃을 잘 둬야 하는데요./ 어디 가나 남의 것 훔치려는/ 음탕한 자들 널려 있지요./ 젠장!' 하고 남의 평화를 훔치는 못된 자들을 향해 일갈한다. 이 시 마지막 행 '젠장!'은 지극히 당연한 결말이면서도 돌발적이고 해학적이기도 한 표현으로써 아마도 김년균 시인의 시 중에서 유일하고도 특별한 투덜거림(?)일 것이다.

그 때문에 그냥 심각하기만 할 뻔했던 시가 주제는 주제대로 더욱 빛나게 살아나면서 유쾌한 생동감이 넘쳐난다. 이런 것이 시가 지닌 일종의 묘미이기도 하다.

다음엔 「풍문」을 살펴보자.

뜬구름이라고 흘려 버리지 말고,
입 다물고 귀 막을 일이다.
눈에 보여도 못 본 체하고,
사실이어도 믿지 않을 일이다.
밤에는 떠돌아다니지 말고,
저물기 전에 돌아와 문단속 잘 하고,
외진 방에 누워 숨죽일 일이다.

주위가 끝없이 고요해도
신기하다고 생각지 말고,
닥쳐올 일에 대비할 일이다.

언제쯤 당할지 모르니
봉변을 피할 준비도 해둘 일이다.
그러나, 역모를 꾀하는 일이거든
참지 말고 막을 일이다.

풍문은 바람을 안고 살지만,
때로는 화약을 품고 다니며
세상을 때려눕히기도 한다.

—「풍문」 전문

이 시는 일종의 풍자시로서 잠언적, 혹은 교훈적 표현과 함께 한 편의 시 전체가 독자로 하여금 시 읽는 재미를 느끼게 해 준다.

떠도는 소문인 '풍문'의 다양성과 그에 대처하는 지혜놀이인 이 작품은 그러나 그 풍문이 '역모를 꾀하는 일이거든/ 참지 말고 막을 일이다.'라고 '역모'에 대해서만은 대단히 적극적이다. '풍문은 바람을 안고 살지만,/ 때로는 화약을 품고 다니며/ 세상을 때려눕히기도' 하기 때문이다.

무리없이 잘 읽히는 시라는 뜻에서 이 시도 그 나름의 긍정적 의미를 내포하고 있다. 좋은 시는 난해해야만 할까. 당연히 그렇지 않다. 이 지상에는 쉬우면서도 좋은 시가 무수히 존재하고 있기 때문이다.

다음엔 「가족」을 살펴보자.

한 핏줄로 태어나 한 지붕 아래 살기에
하늘에서 이루신 일이 분명하다.
세상에 이보다 큰 일은 없을 터이다.
바람은 시도 때도 없이 길을 휩쓸고,
세월도 강물처럼 쉬지 않고 흘러가고,
모두가 예전과 다름없다.
한 지붕 아래 사는 이들도
예전과 다름없이,
아이는 커서 어른이 되고
어른은 금세 늙어 기막힌 한숨 속에
하늘 가는 차를 기다린다.
무대에 올려진 연극처럼
1막 2막 3막이 연거푸 이어지며,
아비 어미는 자식을 위하여
자식은 또 그 자식을 위하여
허리가 휘도록 보따리를 짊어지고
옳은 일 그른 일을 번갈아 가며
귀한 세월 아까운 줄 모르고 흘러보낸다.
한 핏줄로 태어나 한 지붕 아래 살기에
마음은 항상 한 곳에 꽁꽁 묶어놓고
죽어도 그 끈을 풀지 못한다.

—「가족」 전문

이 세상의 아름다운 단어들 중에서 '가족'을 빼놓을 수 없다. 두말 할 것도 없이 가족은 그야말로 피와 사랑으로 엮어진 뜨거운 '혈족'이기 때문이다. 특히 동양, 그 중에서도 한국인의 가족에 대한 사랑은 거의 필사적(?)이다.

요즈음 가족의 해체와 파괴가 급속히 진행되는 세태는 사회 전체나 가족이나 가족 구성원 개개인 모두를 위해서 대단히 쓸쓸한 일이 아닐 수 없다. 가족끼리의 사랑은 모든 사랑과 평화와 행복의 뿌리이기 때문이다.

'예전과 다름없이,/ 아이는 커서 어른이 되고/ 어른은 금세 늙어 기막힌 한숨 속에/ 하늘 가는 차를 기다린다./ 무대에 올려진 연극처럼/ 1막 2막 3막이 연거푸 이어지며,/ 아비어미는 자식을 위하여/ 자식은 또 그 자식을 위하여' 희생을 아끼지 않는다.

'한 핏줄로 태어나 한 지붕 아래 살기에/ 마음은 항상 한곳에 꽁꽁 묶어놓고/ 죽어도 그 끈을 놓지 못한다.' 그렇다. 가족이기 때문에 '죽어도 그 끈을 놓지 못한다.' 이 얼마나 눈물겨운 가족애인가. 다음엔 「눈물」을 살펴보자.

길가다 우는 사람을 만나면
예사롭지 않다.
까닭 없는 눈물은 없기 때문이다.

하늘에서도 비가 내리려면
검은 구름이 해를 둘러싸고 있거나
마파람이 몰아쳐 오듯이,

사람도 눈물을 흘리려면
어딘가 이상해야 한다.
몸이 다치거나 마음이 아프거나
무슨 일이 생겨나서
서러운 감정이 복받쳐올라야 한다.

또는 기쁜 일이 불현듯 몰려와서
감격했을 때도 눈물은 쏟아진다.

사람은 감정없이 목석으로만 살 수 없다.
눈물은 감정을 담은 그릇이다.
우리들이 버릴 수 없는 필수품이다.

—「눈물」 전문

살다 보면 때로 누구나 타인의 '눈물', 또는 자신의 '눈물'과 만날 수밖에 없다. 다만 그것이 대체로 자신의 의지와 다르다는 데에 문제가 있을 뿐이다. 자신과 타인의 희로애락 모두가 '눈물'의 원천이 될 수 있기 때문이다.

슬픔과 기쁨, 그 정반대의 상황이 다 같이 '눈물'이 될 수 있다는 것은 '눈물'이 지니고 있는 아주 특별한 이중성이자 그것이 지니고 있는 기막힌 묘미이기도 하다. 그렇기 때문에 '눈물은 감정을 담은 그릇이다./ 우리들이 버릴 수 없는 필수품이다.'라는 화자의 '눈물'에 대한 정의적 진술이 그 나름의 진정성과 설득력을 획득하게 되는 것이다.

우리는 김년균 시인의 새 시집 『우리들이 사는 법』에서 몇 가지 특징을 추출해 낼 수 있을 것이다.

첫째, 그의 시집이 요즘 우리 시단에서 귀한 작업인 '연작시'라는 점이다. 김년균 시인의 연작시 작업은 이미 1980년 초부터 시작하여 『아이에서 어른까지』 『사람의 마을』 『하루』 『오래 된 습관』 『숙명』 등 5권의 시집으로 결집된 바 있다. 물론 그의 연작시 작업은 지금도 현재진행형이다. 이번이 그의 여섯 번째 연작시집이기 때문이다. 김년균 시인의 이러한 일평생에 걸친 '연작시' 행진은 우리 시문학사를 위해서도 하나의 뜻깊은 문학적 사건이 아닐 수 없다.

둘째, 그의 시는 주제가 선명하고 명쾌하다. 그래서 어느 작품이든 즉물적으로 가슴에 와 닿는다.

셋째, 그의 시는 난해하지 않다. 대단히 이해하기 쉽고 잘 읽힌다. 어린이부터 어른에 이르기까지 그의 시는 누구에게나 따뜻하게 다가간다. 이 역시 긍정적 의미를 지니고 있다.

넷째, 그의 시는 시에 따라서 구어체, 산문체, 1연 시, 다연시 등 여러 가지 수법을 적절히 잘 활용하고 있다. 다양한 표현수법은 시의 효과를 극대화시켜 줄 뿐만 아니라 여러 가지 다층적 변화를 연출함으로써 시적 생동감을 더해 준다.

다섯째, 그의 시는 대부분 잠언적이다. 휴머니즘의 기록인 그의 시는 시의 효용성에 무게를 두고 있다. 따라서 김년균 시인의 시는 사람에 대한 사랑뿐만이 아니라 때로 비판과 역설을 활용, 우리에게 삶에 대한 교훈과 깨달음을 던져 준다.

앞으로 김년균 시인의 연작시 '사람'이 또다른 시적 변용을 거치면서 사람과 사람 사이의 삶의 모습을 어떻게 적나라하게 보여 줄 것인지, 독자의 한 사람으로서 '사람' 연작시의 미래에 대한 기대를 저버릴 수 없다.

김년균 '사람' 연작시집_ 우리들이 사는 법

초판인쇄 | 2013년 2월 7일
초판발행 | 2013년 2월 12일

지은이 | 김년균
발행인 | 황송문

펴낸곳 | 문학사계사
주소 | 서울시 영등포구 문래6가 56-1
미주프라자 B-102호
전화 | 016-561-5773
팩스 | 02-2637-9759
이메일 | songmoon12@hanmail.net
등록 | 2005년 9월 20일 제318-2007-000001호
ISBN | 978-89-93768-30-5 03810

값 7,000원

배포처 | 자유문고(02-2637-8988)